Trivia sobre la historia danesa

Viaje a las profundidades del pasado de Dinamarca con 500 preguntas intrigantes y sus respuestas

Índice

Introducción

Dinamarca, un país con tierras fértiles y una larga historia de relaciones complejas con sus vecinos de la región escandinava, ciertamente no carece de datos interesantes por descubrir. Este libro le ayuda a hacerlo, mientras se divierte en grande. Le muestra cómo los daneses pasaron de ser feroces vikingos, a construir la economía agrícola más larga de la historia europea y, posteriormente, convertirse en uno de los países más ricos del continente.

En el camino, aprenderá cómo gestionó Dinamarca su compromiso con la neutralidad, especialmente cuando otros la pusieron a prueba o la rompieron por la fuerza. Es un país y un reino, hogar de personas que lo reconstruyeron muchas veces a lo largo de la historia. Por esto, en cierto modo, aprender de su pasado es recibir lecciones importantes para encontrar la fuerza, la pasión y el éxito tras un fracaso (a veces catastrófico).

Una de las cosas más intrigantes que puede descubrir a través de este libro es que las trivias no siempre son fáciles. Algunas preguntas suponen un reto, pero para eso tiene las respuestas al final de cada capítulo. De todas formas, debe intentar responder a las preguntas lo mejor que pueda, y solo después de haberlo intentado, ver las respuestas para saber si ha acertado.

No hay límite en la cantidad de veces que puede leer cualquiera de los capítulos. Cada vez que quiera consultar un dato interesante sobre la historia de Dinamarca, solo debe ir al capítulo correspondiente

Este libro no es solo para quienes quieren medir sus conocimientos sobre el pasado danés. Incluso si no tiene experiencia con las trivias históricas o acaba de interesarse por la historia, ¡este libro tiene mucho que ofrecerle!

Es probable que se haya encontrado con libros de historia aburridos que solo contienen datos áridos.

Este no es uno de ellos.

Además de los acontecimientos y fechas importantes, este libro contiene mucha información poco conocida sobre las personas que dieron forma a la historia de Dinamarca: reyes escandalosos, héroes y heroínas desconocidos de guerras y reformas, etc.

Un poco más sobre lo que puede esperar de este libro:

- Preguntas de trivia fáciles de entender, pero cuya dificultad es progresiva. Esto lo hace perfecto, tanto para principiantes, como para quienes conocen un poco mejor la historia danesa.

- Preguntas de trivia sobre acontecimientos históricos, personajes famosos, costumbres culturales, lugares emblemáticos y fechas significativas.

- «¿Sabía qué?» datos que le ayudarán a ampliar sus conocimientos. Un pequeño consejo: esta es la mejor parte, ¡y suelen ser los datos más fáciles de recordar!

Atractivos retos de verdadero o falso para poner a prueba su comprensión y su rapidez mental.

Al leer este libro, se embarcará en un viaje para encontrar tesoros en forma de hechos históricos. ¿Y lo mejor? Puede llevar a otros con usted en este viaje. Puede utilizar este libro para jugar a la trivia con amigos y familiares que también estén interesados en la historia. Probablemente, se sorprenderán con algunos de los hechos, al igual que usted.

Usted (y quien decida llevar con usted) puede iniciar este viaje ahora mismo.

Diviértase y ¡feliz aprendizaje!

Capítulo 1: Los viajes vikingos

Es probable que haya oído hablar de los vikingos como los misteriosos guerreros nórdicos que conquistaron gran parte de Europa. Sin embargo, ¿sabía que también eran conocidos por sus extraordinarias habilidades de navegación, incluyendo botes con velas? ¿O que originalmente eran agricultores, que se vieron obligados a emprender viajes para encontrar un nuevo hogar después del 750 d. C.? Ponga a prueba sus conocimientos sobre la historia de los vikingos daneses en este capítulo.

Preguntas de respuesta múltiple

1. Los vikingos utilizaban sus barcos para:

    A. Guerras

    B. Explorar nuevas tierras

    C. Comercio

    D. Todas las anteriores

2. ¿Con qué tipo de madera se construían principalmente los *drakkar* vikingos?

    A. Roble

    B. Cedro

    C. Pino

    D. Alerce

3. ¿Cuál explorador vikingo se cree que llegó a la actual Norteamérica alrededor del año 1000 d. C.?

    A. Erik el Rojo

    B. Ivar el Deshuesado

    C. Björn Costado de Hierro

    D. Leif Ericson

4. ¿Cómo se llama la técnica que utilizaban los vikingos para construir sus resistentes embarcaciones?

    A. Click

    B. Clinker

    C. Cruz

    D. Catapulta

5. ¿Cuál era el objetivo de las tallas en los barcos vikingos?

    A. Alejar los malos espíritus

    B. Identificarse entre tribus

    C. Hacer que el barco fuera más intimidante

    D. Todas las anteriores

6. ¿Qué tipos de barcos fabricaban los vikingos?

    A. Buques de guerra angostos y barcos de carga anchos

    B. Pequeños barcos de carga y grandes buques de guerra

    C. Pequeñas embarcaciones para desplazarse rápidamente por la costa

    D. Barcos resistentes para el transporte de personas

7. ¿Qué papel desempeñaba la construcción de quillas en las naves vikingas?

    A. Proporcionar estabilidad

    B. Ayudar con la dirección

    C. Proporcionar estabilidad y facilitar la dirección

    D. Hacer los barcos más bonitos

8. ¿Qué comerciaban los vikingos?

    A. Especias y textiles

    B. Especias, metales, textiles y esclavos

    C. Esclavos

    D. Municiones

9. ¿Qué hacía a los barcos vikingos buenos para el comercio?

   A. Su seguridad, sus diseños especiales y su capacidad para superar condiciones difíciles

   B. Su velocidad les permitía transportar mercancías más rápidamente

   C. Su tamaño

   D. Su cuaderna

10. ¿Qué avances realizaron los vikingos en sus técnicas de construcción naval?

   A. Diseño de casco más ancho

   B. Velas más pequeñas

   C. Un cuerpo más estrecho

   D. Diseño de casco más pequeño y velas más grandes

Verdadero o falso

1. Los vikingos utilizaban los *drakkar* para hacer incursiones y para comerciar.

   • Verdadero

   • Falso

2. Los vikingos importaban madera para la construcción naval.

   • Verdadero

   • Falso

3. Los barcos eran difíciles de reparar.

   • Verdadero

   • Falso

4. Los *knarr* tenían cascos más grandes.

   • Verdadero

   • Falso

5. Los vikingos hicieron los diseños navales más novedosos hasta su tiempo.

   • Verdadero

   • Falso

6. Los vikingos utilizaban un método único de colocación de los remos.

   - Verdadero
   - Falso

7. Utilizaban remos de dirección en lugar de timones montados a estribor.

   - Verdadero
   - Falso

8. La cultura desempeñó un papel importante en la construcción naval vikinga.

   - Verdadero
   - Falso

9. Los vikingos llegaron a América del Norte después que los exploradores europeos.

   - Verdadero
   - Falso

10. La primera incursión vikinga en Inglaterra se produjo en el siglo X.

    - Verdadero
    - Falso

Establezca las correspondencias

1. Esclavos	Mujeres protectoras de la comunidad y ayudantes adicionales en las incursiones
2. Jarls	El orden de la estructura social vikinga
3. Linaje familiar, ocupación y riqueza	Prisioneros de guerra y personas endeudadas
4. Thralls	Gobernantes y nobleza
5. Karls	Guerreros vikingos entrenados que luchaban como si estuvieran en trance
6. Jefes y líderes	Artesanos y campesinos libres
7. Berserker	Esclavos
8. Vikingos	Reyes que gobernaban el ejército e importantes *jarls*
9. Líderes menores	Personas que dirigían las ceremonias y los actos religiosos
10 Escuderas	Término utilizado para designar a quienes realizaban incursiones

Identifique las imágenes

1. La imagen representa...

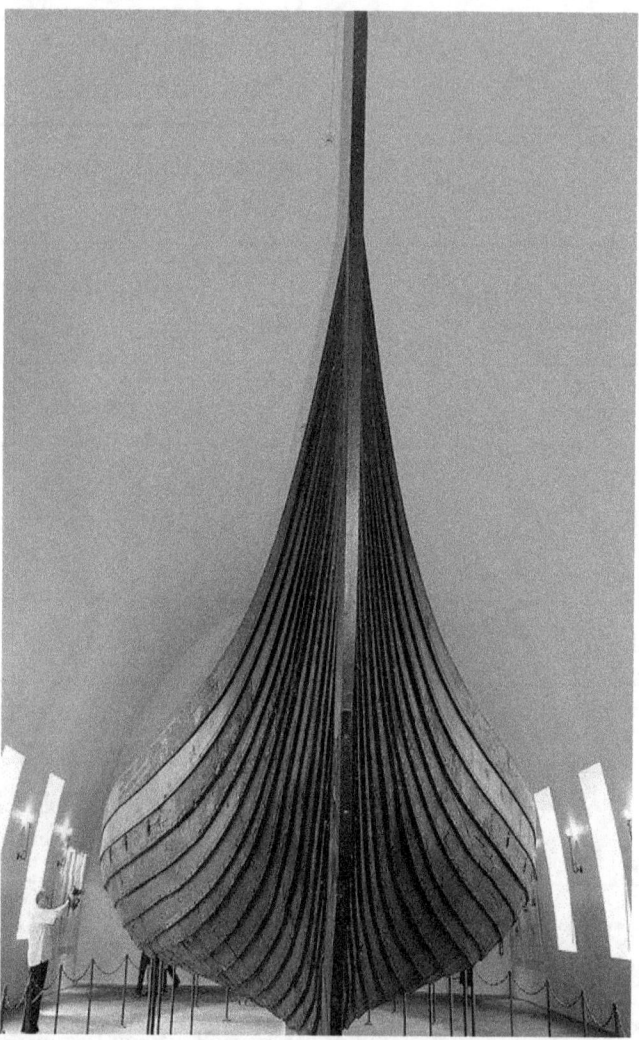

Imagen 1

Respuesta:

_____

_____

_____

_____

_____

2. ¿Qué estructura representa la siguiente imagen?

Imagen 2

Respuesta:

_____

_____

_____

_____

_____

3. ¿Qué innovación se puede ver en esta imagen?

Imagen 3

Respuesta:

_____

_____

_____

_____

_____

4. ¿Qué hizo famoso a este barco?

Imagen 4

Respuesta:

_____
_____
_____
_____
_____

5. Esta imagen muestra las habilidades de los vikingos porque...

Imagen 5

Respuesta:

_____

_____

_____

_____

_____

6. Estos objetos fueron encontrados en un recinto funerario vikingo (tumba). ¿Qué le dicen sobre la sociedad vikinga?

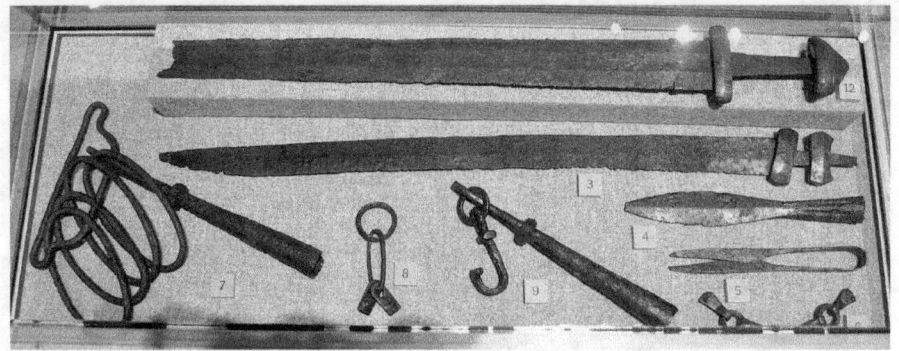

Imagen 6

Respuesta

_____

_____

_____

_____

_____

7. ¿Qué cree que demuestran estos objetos sobre la vida de los vikingos?

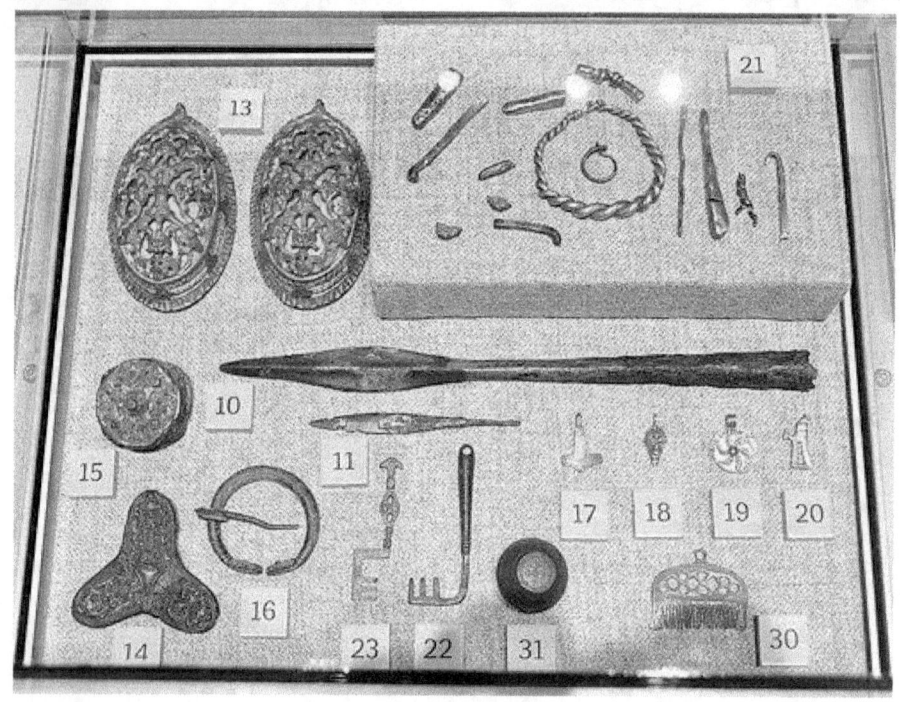

Imagen 7

Respuesta:

_____
_____
_____
_____
_____

8. ¿Para qué cree que se utilizó este objeto?

Imagen 8

Respuesta:

_____

_____

_____

_____

_____

9. ¿Qué rol de las mujeres muestra la siguiente figura?

Imagen 9

Respuesta:

_____

_____

_____

_____

_____

10. ¿Cómo se llamaba la asamblea en la cual se reunían los líderes vikingos para tomar decisiones importantes?

Imagen 10

Respuesta:

_____
_____
_____
_____
_____

Verdadero o falso

1. Los cascos vikingos solían tener cuernos que sobresalían.

   - Verdadero
   - Falso

2. Los vikingos eran hábiles navegantes que utilizaban las estrellas y los puntos de referencia naturales para guiar su camino.

   - Verdadero
   - Falso

3. Los vikingos tenían roles de género fluidos.

   - Verdadero
   - Falso

4. Solo quienes nacían en familias importantes podían convertirse en dirigentes.

   - Verdadero
   - Falso

5. Todos los esclavos eran personas capturadas en tierras extranjeras.

   - Verdadero
   - Falso

6. La primera vez que los vikingos atacaron un monasterio en busca de botín fue en el año 793 d. C., en Lindisfarne.

   - Verdadero
   - Falso

7. Los líderes religiosos creían que el ataque a Lindisfarne era un castigo divino.

   - Verdadero
   - Falso

8. Los vikingos comenzaron a asaltar las costas británicas porque querían conquistar otras naciones.

   - Verdadero
   - Falso

9. Los ingleses no hicieron nada para defenderse de nuevos ataques.

- Verdadero
- Falso

10. Las incursiones vikingas tuvieron una influencia crucial en la historia y la cultura europea.

- Verdadero
- Falso

Respuestas

Capítulo 1

Preguntas de respuesta múltiple

1. D. Los barcos vikingos no solo se utilizaban para incursiones y guerras, sino también para explorar nuevas tierras para asentarse y comerciar con otras naciones.

2. A. Los vikingos utilizaban sobre todo el roble para construir sus embarcaciones, porque era la madera más duradera. El roble es resistente al agua salada, a las duras condiciones climáticas y a las exigentes maniobras de batalla.

3. D. Se cree que Leif Ericson, un valiente explorador vikingo, llegó a las costas de Norteamérica alrededor del año 1000, más de quinientos años antes de que Cristóbal Colón pisara el continente.

4. B. Los barcos de los vikingos eran duraderos gracias a la técnica del *clinker*. El *Clinker* consiste en superponer tablones y remacharlos entre sí. Esto crea un casco flexible e increíblemente fuerte, lo que facilita sortear las difíciles condiciones del mar. Aunque se utilizó por primera vez en los *drakkar*, tuvo tanto éxito, que los vikingos decidieron adaptarla y utilizarla en otros tipos de barcos.

5. D. Las intrincadas tallas de los barcos vikingos tenían varios propósitos. A medida que aumentaba el número de barcos que salían a explorar, hacer incursiones y comerciar, era necesario distinguirlos. Cuando el enemigo o el aliado veían quién se acercaba, sabían si debían prepararse para la batalla o para un saludo amistoso. Sin embargo, los vikingos también eran grandes simbolistas, y creían que ciertos símbolos (como las cabezas de dragón, por ejemplo) alejaban a los espíritus malignos, por lo que los colocaban en sus barcos.

6. A. Aunque los vikingos fabricaban diferentes barcos, cada uno adaptado a fines específicos, los dos tipos principales eran los buques de guerra angostos y los barcos de carga anchos. El tamaño reducido de los buques de guerra facilitaba las maniobras de huida y ataque. Mientras tanto, los barcos de carga tenían que ser más grandes y robustos, para que no se doblaran bajo el peso de la mercancía que transportaban.

7. C. La quilla era una parte fundamental de un barco vikingo. Una de las razones por las que estos navíos eran tan estables y fáciles de maniobrar es que utilizaban un método único de construcción de quillas. Empezaron a dedicar más trabajo a la construcción de quillas a partir de la segunda mitad del siglo VIII.

8. B. A pesar de su gran tamaño, los barcos comerciales vikingos tenían grandes ventajas. Además, como los vikingos recorrían grandes distancias, podían transportar cualquier cosa, desde especias a metales, pasando por textiles e incluso esclavos.

9. A. Los barcos vikingos, especialmente los *knarr*, que se utilizaban para transportar carga, eran lo suficientemente seguros como para disuadir a los asaltantes. Su interior tenía a menudo diferentes diseños, para facilitar el transporte de productos de diversas formas y tamaños. Eran construidos por marineros experimentados, que sabían lo que ayudaba a los barcos a navegar con precisión y seguridad.

10. D. A partir del siglo IX, los vikingos se centraron en la construcción de embarcaciones más estrechas, especialmente para los *drakkar*, que utilizaban para comerciar y explorar. Estos les permitían navegar por ríos poco profundos y por mar abierto. También empezaron a utilizar velas más grandes y cuadradas, que aprovechaban mejor el viento. Esto hizo que los barcos fueran más rápidos y resistentes, para viajes más largos.

¿Sabía que...?

La técnica del *clinker* se sigue utilizando en la construcción de barcos, como legado de las técnicas vikingas de construcción naval.

Verdadero o falso:

1. Falso. Los *drakkar* se utilizaban principalmente para explorar y realizar incursiones. Para comerciar, los vikingos tenían los *knarrs*, que eran navíos anchos y macizos.

2. Falso. Los vikingos eran expertos en encontrar maderas aptas para la construcción de barcos a nivel local y no necesitaban comprarlas en otros lugares.

3. Falso. Los barcos vikingos eran muy fáciles de reparar. Si se dañaban, los constructores eran capaces de ponerlos en marcha en poco tiempo.

4. Verdadero. Los *knarr* se utilizaban para transportar grandes cargas, que a veces incluían ganado y otros cargamentos que necesitaban mucho espacio.

5. Verdadero. Los vikingos utilizaron muchos diseños nuevos, incluyendo cascos más estrechos para sus *drakkar*, lo que hizo que sus barcos fueran más rápidos que cualquier otro hasta la fecha.

6. Verdadero. Otra innovación de los vikingos fue la colocación única de los remos, que facilitaba la navegación de los barcos en espacios reducidos o en situaciones de riesgo.

7. Falso. Al igual que los constructores navales anteriores, los vikingos utilizaban timones montados a estribor, lo que facilitaba el control de la embarcación.

8. Verdadero. La cultura de los vikingos siempre incluyó elementos del estilo de vida marítimo, y esto también se vio en su construcción naval.

9. Falso. Los exploradores vikingos navegaron a muchas partes del mundo, muchos años antes que los europeos.

10. Falso. La primera incursión en las costas inglesas se produjo a finales del siglo VIII.

¿Sabía que...?

Cuando empezaron a ampliar sus horizontes, los vikingos encontraron muchas ciudades prósperas y monasterios en la zona costera del continente. Debido a su aislamiento y a la indefensión de sus habitantes, resultaron objetivos fáciles.

Establezca las correspondencias

1. Esclavos - Prisioneros de guerra y personas endeudadas.

2. *Jarls* - Gobernantes y nobleza.

3. Linaje familiar, ocupación y riqueza - El orden de la estructura social vikinga.

4. *Thralls* - Esclavos.

5. *Karls* - Artesanos y campesinos libres.

6. Jefes y líderes - Reyes que gobernaban el ejército e importantes *jarls*.

7. *Berserkers* -Guerreros vikingos entrenados que luchaban como si estuvieran en trance.

8. Vikingos - Término utilizado para designar a quienes realizaban incursiones.

9. Líderes menores - Personas que dirigían las ceremonias y los actos religiosos.

10. Escuderas - Mujeres protectoras de la comunidad y ayudantes adicionales en las incursiones.

¿Sabía que...?

Cuando se aventuraron más allá de Europa Occidental, los vikingos comenzaron a asentarse lentamente y a dedicarse al comercio y la agricultura en sus nuevas tierras. Sus viajes, acompañados de un reino de terror, pronto pasaron a la historia. El clima favorable fuera de Escandinavia también facilitaba la agricultura, por lo que no tuvieron necesidad de continuar con el estilo de vida de guerra naval.

Identifique las imágenes

1. El barco de Oseberg. Este barco, un excelente ejemplo de la destreza vikinga en la construcción naval, fue descubierto en un cementerio de Noruega. Fue construido a principios del siglo IX y tiene un casco en *clinker*, una proa tallada y una construcción esquelética, en la que primero se construye el armazón. Después, utilizando la cuaderna como guía, se le adicionan el resto de los tablones para crear el casco.

2. La singular proa cometa de los barcos vikingos. Esta tiene piezas de hierro rizado, que parecen la melena de un dragón, lo que a menudo se utilizaba como protección y para dar un aspecto más aterrador al navío.

3. El *ladbyskibet* es un modelo de barco ligeramente más reciente. Se encontró en Dinamarca, y probablemente se fabricó en el siglo X. Su cuerpo, más largo pero más estrecho facilita los viajes largos y el soporte de cargas pesadas.

4. Este *knarr*, llamado Snorri, fue el primero en recrear el viaje de Leif Erikson de Groenlandia a Terranova. Disponía de las mismas (y, para su época, mucho más antiguas) herramientas de navegación que utilizaban los marineros antes de la era vikinga. Sin embargo, condujo a la tripulación a su destino en el segundo intento, demostrando las excelentes habilidades de navegación de los vikingos.

5. La imagen muestra lo complejas que eran las rutas comerciales vikingas en la época medieval, ¡y esto solo en el noroeste de Europa! Construyeron conexiones similares alrededor de todo el mundo.

6. Todos son objetos utilizados en tiempos de guerra, lo que demuestra la importancia que tenían las incursiones y la guerra en las sociedades vikingas. Desde espadas y lanzas, hasta tijeras y ganchos de arnés, en la imagen se puede ver todo lo que necesitaba un guerrero para ir a la batalla.

7. Estos objetos muestran que para los vikingos era importante mostrar el linaje, los títulos, la riqueza y los roles sociales a través de la vestimenta y los accesorios. A diferencia de los cascos con cuernos de inspiración vikinga que se muestran en el arte moderno, llevaban broches, colgantes y anillos de bronce y plata, y portaban amuletos decorativos, lingotes, llaves, peines, etc.

8. Este vaso se encontró en la tumba de una rica mujer vikinga. Según los historiadores, los vasos de cristal se utilizaban a menudo en ceremonias dirigidas por mujeres de familias importantes.

9. Esta figura muestra a una mujer de la era vikinga, armada con una espada o lanza y sosteniendo un escudo. La mujer es conocida como una valquiria y fue encontrada en la isla de Fyn, Hårby, Dinamarca.

10. El nombre de la asamblea era Thing o Folkmoot. En ella, todos los miembros libres de la comunidad vikinga podían reunirse y hablar sobre asuntos importantes, votar y tomar decisiones sobre cualquier tema, desde las exploraciones hasta las incursiones, pasando por la defensa y la agricultura. Era un lugar único que demostraba lo importantes que eran la igualdad y la justicia para los vikingos.

¿Sabía que...?

Los resistentes barcos de los vikingos les permitieron comerciar no solo en las Islas Británicas, sino también con el norte de África y el Mediterráneo. Cuanto más mejoraba su construcción naval, más se ampliaban sus posibilidades de comercio. Esto significaba obtener más mercancías y conocer diferentes culturas. En sus viajes, los vikingos no solo intercambiaban mercancías con los pueblos que encontraban, sino también historias, tecnologías y costumbres.

Verdadero o falso

1. Falso. Los cuernos de los cascos vikingos en las películas y los medios de comunicación modernos son producto de la ficción. Los antiguos cascos vikingos no llevaban cuernos ni otros elementos que sobresalieran.

2. Verdadero. Además de sus útiles herramientas, los vikingos navegaban por los mares y los ríos utilizando las estrellas y sus propias experiencias previas.

3. Verdadero. En la sociedad vikinga, las mujeres podían participar en incursiones, votar, comerciar y convertirse en líderes importantes. Asimismo, los hombres ayudaban en los hogares y las granjas.

4. Falso. Además de quienes nacían en familias importantes, los vikingos que demostraban ser valientes, trabajadores y colaborar con los demás también podían convertirse en dirigentes.

5. Falso. Aunque muchos esclavos procedían de tierras extranjeras, algunos vikingos también eran esclavizados tras perder su estatus, dinero y apoyo.

6. Verdadero. El ataque a Lindisfarne fue el primero de muchos asaltos que los vikingos hicieron a monasterios de toda Europa.

7. Verdadero. Los líderes religiosos creyeron que el ataque era un castigo divino por un pecado desconocido, y ordenaron a los monjes que dejaran de hacer cualquier cosa que pudiera ser vista como pecado, para evitar nuevos ataques.

8. Falso. La razón principal por la que los vikingos empezaron a asaltar los monasterios de las costas británicas fue porque era más fácil acceder a ellos. A menudo, tenían objetos preciados que los vikingos podían comerciar para obtener lo que necesitaban.

9. Falso. Una vez que se dieron cuenta de que los vikingos iban tras los tesoros resguardados en los monasterios, los británicos empezaron a trasladar en secreto estos objetos a lugares más seguros, mientras se preparaban mejor para los ataques.

10. Verdadero. Las incursiones vikingas no solo cambiaron la forma en que los demás guerreros europeos se preparaban para los ataques, sino también la forma en que veían a los vikingos. Antes eran vistos como gente primitiva, pero Europa se dio cuenta pronto de lo inteligentes e innovadores que eran.

Capítulo 2: Misterios medievales daneses

La Edad Media en Dinamarca fue igual que en el resto de Europa, oscura y misteriosa. Sin embargo, los daneses, como siempre, eran un poco diferentes. Sus singulares costumbres medievales, sus rituales cortesanos y la agitada vida de su famoso monarca son sorprendentes. Repase este capítulo y compruebe cuánto sabe sobre estos temas.

Preguntas de respuesta múltiple

1. ¿Qué rey danés encargó la construcción del castillo de Kronborg, famoso por ser el escenario de *Hamlet*, de Shakespeare?

    A. Frederik II

    A. Eric II

    B. Christian IV

    C. Christian V

2. ¿Cuál era el propósito de los torneos medievales?

    A. Entretenimiento

    B. Demostración de habilidades

    C. Ejercicio

    D. Todas las anteriores

3. ¿Qué héroe danés legendario se asocia con el poema épico medieval *Las baladas heroicas*?

    A. Knud

    B. Valdemar II

    C. Ogier el Danés

    D. Absalon

4. ¿Cuántas veces fue destruido el castillo de Kronborg?

    A. Una vez

    B. Dos veces

    C. Nunca

    D. Tres veces

5. ¿Cuál era el papel del arte en la Dinamarca medieval?

    A. Demostración de la potencia del estado

    B. Comunicación

    C. Las respuestas A y B son correctas

    D. Comercio

6. ¿Quiénes eran los nobles medievales daneses?

    A. Terratenientes

    B. Personas de familias reales

    C. Militares

    D. Terratenietes que habían servido en el ejército y miembros de familias importantes

7. ¿Qué estructuras de asentamiento aparecieron durante la Edad Media en Dinamarca?

    A. Pequeñas ciudades

    B. Una ciudad

    C. Pueblos

    D. Metrópolis

8. ¿Qué rey danés fue famoso por sus magníficos edificios?

    A. Christian V

    B. Christian IV

    C. Valdemar II

    D. Eric I

9. ¿Dónde fue encarcelada Leonora Cristina, la hija de Christian IV?

    A. Castillo de Kronborg

    B. Palacio de Frederiksborg

    C. Castillo de Copenhague

    D. Palacio de Rosenborg

10. ¿Los torneos de caballeros eran peligrosos?

    A. Sí, pero solo para quienes no tenían experiencia

    B. En absoluto. Eran como un juego para todos

    C. Había un poco de peligro, pero no demasiado

    D. Eran una actividad muy peligrosa

Identifique las imágenes

1. ¿Qué muestra esta moneda?

Imagen 11

Respuesta:

_____

_____

_____

_____

_____

2. Nombre esta herramienta medieval danesa que aún se utiliza hoy en día.

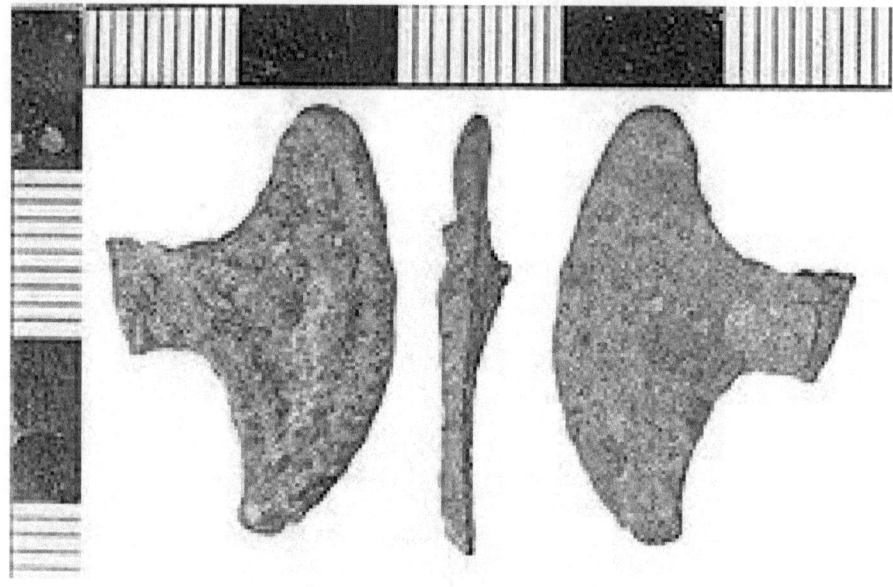

Imagen 12

Respuesta: _____

3. ¿Qué se puede ver en esta fotografía?

Imagen 13

Respuesta:

_____

_____

_____

_____

_____

4. ¿Qué puede decir de esta moneda medieval?

Imagen 14

Respuesta: _____

5. ¿Sabe para qué se utilizaba el siguiente artículo?

Imagen 15

Respuesta:

_____
_____
_____
_____
_____

6. Identifique el castillo donde se tomó esta fotografía.

Imagen 16

Respuesta:

_____

_____

_____

_____

_____

7. ¿Qué se ve en esta imagen?

Imagen 17

Respuesta:

_____

_____

_____

_____

_____

8. Identifique esta fortaleza danesa.

Imagen 18

Respuesta: _____

9. ¿Para qué se utilizaba este artículo?

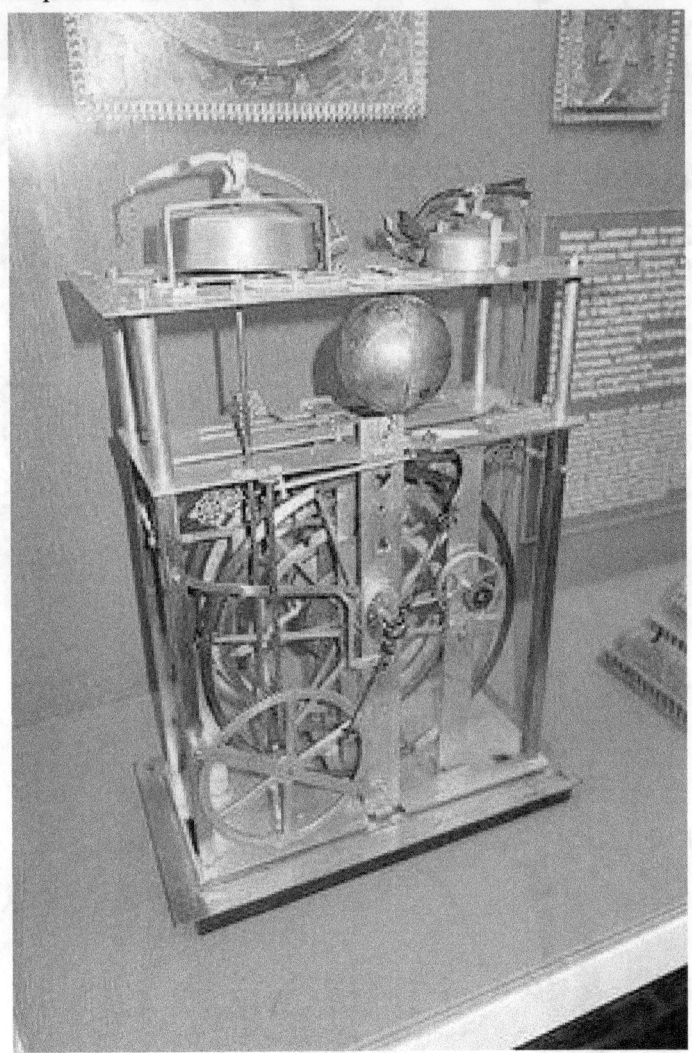

Imagen 19

Respuesta:

_____

_____

_____

_____

_____

10. ¿Con quién estaba casada la integrante de la realeza danesa que aparece en la imagen?

Imagen 20

Respuesta: _____

Verdadero o falso

1. El periodo medieval en Dinamarca duró desde el siglo V hasta el siglo XV.

   - A. Verdadero
   - B. Falso

2. La sociedad danesa medieval estaba estrictamente dividida en tres clases: nobleza, clero y campesinado.

   - A. Verdadero
   - B. Falso

3. El castillo de Kronborg siempre fue utilizado por la familia real de Dinamarca.

   - A. Verdadero
   - B. Falso

4. Los duques de Schleswig mantenían buenas relaciones con los monarcas daneses.

   - A. Verdadero
   - B. Falso

5. En 1320, todos los castillos reales de Jutlandia fueron demolidos.

   - A. Verdadero
   - B. Falso

6. El castillo de Koldinghus fue ocupado por el duque de Holstein.

   - A. Verdadero
   - B. Falso

7. El rey Knud IV fue el primer monarca danés canonizado.

   - A. Verdadero
   - B. Falso

8. Dinamarca se mantuvo como una potencia naval hasta el final del periodo medieval.

   - A. Verdadero
   - B. Falso

9. Los cambios en el valor de la moneda danesa permitieron al país recuperar parte de su poder.

- A. Verdadero
- B. Falso

10. Para salvar al país del ataque de los príncipes alemanes, el monarca danés hizo una alianza con los reyes de Noruega.

- A. Verdadero
- B. Falso

Establezca las correspondencias entre las celebridades medievales danesas y sus acciones

1. Holger Danske (Ogier el Danés)	Rey mártir de Dinamarca, a veces llamado Canuto.
2. Margarita de Dinamarca	Héroe nacional, cuyas acciones marcaron el inicio de la liberación de Dinamarca.
3. Knud	Cruzado y canciller de Valdemar el Grande.
4. Saxo Grammaticus	Una de las pocas mujeres que gobernó varios países en la Edad Media (Dinamarca, Noruega y Suecia).
5. Valdemar II	Conquistó todos los países, desde Jerusalén al centro del mundo.
6. Absalón	El rey que hizo prosperar a Dinamarca mediante nuevas leyes y sobrevivió tres años como prisionero de Enrique el Negro.
7. Sir Henrik Svane	Historiador que escribió por primera vez sobre Hamlet.
8. Niels Ebbesen	Construyó uno de los pocos castillos de Dinamarca que sobrevivieron a la época medieval.
9. Esbern el Resuelto	Noble caballero y señor de Sundkøbing, que celebró numerosos torneos de caballeros. Luchó contra muchos valientes caballeros, no solo de Dinamarca, sino también de Suecia y otros países.

10. Erik Klipping	Obispo de Roskilde y más tarde arzobispo de Lund.

Preguntas de respuesta múltiple

1. ¿Qué eran las casas señoriales en la época medieval danesa?

    A. Casas que eran propiedad de nobles

    B. Parte del sistema feudal

    C. Granjas en el campo

    D. Todas las anteriores

2. ¿Qué ocurría con una casa o una granja señorial si su propietario cambiaba?

    A. La casa o la granja perdía su estatus señorial

    B. La casa o la granja seguía siendo un señorío

    C. Se construía otro señorío al lado

    D. El propietario tenía que elegir otra casa o granja como señorío

3. ¿Cuál es un nombre de uso común para llamar al Imperio danés de la época medieval (siglos XII y XIV)?

    A. El Gran Imperio del Mar del Norte

    B. Reino de Valdemar

    C. Unión Kalmar

    D. Reino de Dinamarca

4. ¿Qué países formaron la Unión de Kalmar?

    A. Dinamarca y Noruega

    B. Dinamarca y Suecia

    C. Dinamarca e Inglaterra

    D. Noruega, Suecia y Dinamarca

5. ¿La cultura cortesana (el comportamiento en las cortes) era diferente en Dinamarca que en el resto de Escandinavia?

    A. Sí, era diferente, pero solo de Noruega

    B. Solo era diferente de Suecia

    C. Era igual que en Noruega y Suecia

    D. Era diferente que en Suecia y Noruega

6. ¿Qué diferenciaba a los cortesanos daneses de los demás?

    A. Tradiciones diferentes

    B. Idioma

    C. Costumbres de la nobleza

    D. El comportamiento del rey

7. ¿Cómo consiguió Margarita, hija del rey danés Valdemar IV, evitar la ruina de Dinamarca?

    A. Gobernando en lugar de otros

    B. Convenciendo a su marido de unir sus países

    C. Siendo una regente fuerte

    D. Todas las anteriores

8. ¿Cuáles dos hermanos protagonizaron el conflicto más escandaloso de la Dinamarca medieval?

    A. Knud VI y Valdemar II

    B. Erik IV y Abel

    C. Harthacnut y Knud II

    D. El rey Erik III y Niels

9. ¿Cómo elegían los daneses a su rey en la Edad Media?

    A. El título de rey pasaba automáticamente del padre al hijo primogénito

    B. El título de rey recaía en cualquier miembro de la familia que tuviera edad suficiente para gobernar

    C. El rey era elegido por votación popular

    D. El rey era elegido por los nobles en la corte

10. ¿Quiénes eran los *hvide*?

    A. Un poderoso grupo de parientes magnates

    B. Piratas

    C. Los enemigos de los daneses

    D. Un grupo de campesinos

Respuestas

Preguntas de respuesta múltiple

1. A. El castillo de Kronborg fue construido por Frederik II, entre 1574 y 1585, como símbolo de su riqueza, después de que Eric de Pomerania construyera Krogen. Esta fortaleza controlaba la entrada a Oresund y el rey cobraba grandes impuestos a los barcos que pasaban.

2. D. El propósito de los torneos medievales era mostrar el valor, las habilidades y la fuerza de los caballeros. Sin embargo, también servía como ejercicio de entrenamiento para los caballeros, por no mencionar que era una forma de entretenimiento para el pueblo.

3. C. Ogier el Danés, uno de los héroes más famosos de Dinamarca, se menciona en el poema épico medieval *Las Baladas Heroicas*. Aunque se sabe poco sobre sus orígenes, se cree que fue uno de los líderes militares de Carlomagno.

4. B. El castillo de Kronborg fue destruido dos veces. Primero, fue incendiado en 1629. Christian IV lo reconstruyó con nuevas decoraciones barrocas. Sin embargo, en 1656, los suecos bombardearon el castillo, ocuparon los restos y saquearon las piezas de arte que no habían sido destruidas.

5. C. En la Dinamarca medieval, muy pocas personas sabían leer y escribir. Utilizaban imágenes y símbolos para comunicarse, expresar su cultura y conectar con los demás. Sin embargo, quienes sabían leer y escribir también poseían piezas de arte más caras, que utilizaban para exhibir su estatus.

6. D. Además de los miembros de la familia real, muchos terratenientes adquirieron el estatus de nobles en la Dinamarca medieval. Los principales ingresos del país procedían de la agricultura, lo que significaba que quienes poseían tierras tenían mucho poder. Aumentaban este poder prestando servicio militar al rey, lo cual los eximía de pagar impuestos por sus tierras.

7. A. La formación de pequeñas ciudades fue muy popular en Dinamarca durante la Edad Media. A medida que la población crecía, la gente necesitaba más lugares para comerciar, reunirse para discutir asuntos importantes, mostrar sus artes y oficios, etc., así que se empezaron a formar pequeñas ciudades. La mayoría de las ciudades modernas que se encuentran hoy en el país se crearon

durante el periodo medieval (y algunas son tan pintorescas como lo eran entonces).

8. B. Christian IV es conocido como el rey que construyó las estructuras más magníficas de Dinamarca. Se convirtió en rey cuando solo tenía once años y gobernó durante sesenta años, durante los cuales Dinamarca tuvo el territorio más extenso de su historia. Además, Christian IV tenía buen ojo para la gran arquitectura. Encargó la construcción de la Bolsa Real (Børsen), la torre Redonda, la iglesia Trinitatis y el palacio de Rosenborg, el palacio de Frederiksborg, la aguja de la torre principal del castillo de Copenhague, la torre Azul y la restauración del castillo de Kronborg.

9. C. Tras la muerte de su padre, Leonora Cristina fue mantenida prisionera en la torre Azul del castillo de Copenhague, la misma que había construido Christian IV.

10. D. Los torneos de caballeros medievales eran extremadamente peligrosos, similares a los deportes extremos de hoy en día, en los que las personas suelen resultar heridas. Incluso los caballeros experimentados resultaban heridos a menudo, pero asumían el riesgo porque, si ganaban, obtenían fama y dinero.

¿Sabía que...?

Los torneos de caballeros solían durar cuarenta minutos. Al final, el ganador era proclamado el mejor caballero. El número de participantes variaba, pero el mayor torneo del que se tiene constancia en Dinamarca fue el celebrado por Erik Menved, en Rostock, en 1311. Contó con casi 1.000 participantes, de los cuales 948 eran caballeros, tres arzobispos, ¡y 19 príncipes!

Identifique las imágenes

1. El matrimonio entre el rey Valdemar el Grande y la reina Sofía, en 1157. Los daneses hicieron especial este acontecimiento imprimiendo una serie de pequeñas monedas con la imagen de la feliz pareja. Fue la primera vez que el rey y la reina fueron retratados juntos en Dinamarca. Según los registros, este es uno de los cuatro métodos utilizados en las monedas.

2. El hacha danesa se hizo popular en Dinamarca durante la Edad Media (los historiadores datan sus orígenes alrededor del año 1000 d. C.). Se utilizaba como arma y para la construcción de objetos de madera.

3. La imagen muestra la recreación de un torneo medieval. Como puede ver, los participantes llevaban ropas coloridas y una especie de armadura. Para identificar a los caballeros fácilmente, los escudos, los blasones, los arreos de los caballos y los cascos estaban decorados con sus respectivos escudos.

4. Al igual que hoy en día, acuñar monedas en nombre de los reyes era una forma popular de honrarlos en la época medieval. Estas monedas fueron creadas para Valdemar II, rey de Dinamarca entre 1202 y 1241.

5. Es una hebilla de cinturón de bronce de la Dinamarca del siglo XI. Muestra el intrincado arte que se utilizaba en la época, en las vestimentas, las artesanías y otros accesorios.

6. La imagen muestra trajes de *Hamlet*, expuestos en el «Hamlet», o castillo de Kronborg. El castillo fue convertido en museo, donde se pueden ver este y otros objetos relacionados con su historia y su fama.

7. Se ve la talla de una escena feliz. Gente cenando mientras los músicos tocan sus instrumentos. La talla se encuentra en la parte frontal de un cofre medieval, expuesto en el castillo de Frederiksborg. Objetos como este demuestran hasta qué punto los nobles daneses disfrutaban del arte y lo utilizaban para mostrar su estatus.

8. La imagen muestra las ruinas de la fortaleza de Hammershus. Construida en el siglo XIII, Hammershus fue la mayor fortificación de Escandinavia en sus tiempos. Cuenta con una residencia en la base del castillo, una gran torre y una larguísima muralla perimetral.

9. Es un reloj medieval. Como se puede ver, los relojes de la Edad Media eran grandes, y se utilizaban en todos los hogares. Su aspecto es impresionante y complicado, como el de muchos otros objetos artísticos y artesanales, o incluso herramientas científicas, de este periodo.

10. La princesa Riquilda de Dinamarca estaba casada con el rey Erik X de Suecia. El rey sueco quería establecer una relación pacífica, por lo que se casó con Riquilda, hermana del rey danés Valdemar II.

¿Sabía que...?

El castillo de Kronborg se encuentra en Elsinore, por eso se le conoce como el castillo de Elsinore en *Hamlet*. Muchos también lo llaman el castillo de Hamlet. Curiosamente, nadie sabe si Shakespeare visitó alguna vez el lugar. Tenía amigos actores que hablaban de las bellezas de Kronborg, pero ¿es posible que Shakespeare fuera capaz de imaginarlo y describirlo únicamente a partir de los recuerdos de otros?

Verdadero o falso

1. Falso. El periodo medieval de Dinamarca se extendió desde alrededor del año 1000, cuando se convirtió por primera vez en un reino cristiano, hasta 1536.

2. Verdadero. La sociedad danesa medieval estaba estrictamente dividida en clases sociales, especialmente durante la Baja Edad Media (en los siglos XV y XVI).

3. Falso. Después de que Christian V fortificara el castillo de Kronborg, en 1690, no volvió a ser utilizado por la familia real. Entre 1785 y 1923, fue utilizado por los militares y restaurado, tal y como había sido construido por Frederik II y Christian IV.

4. Falso. Los duques de Schleswig no tenían una buena relación con los monarcas daneses. Erik V, incluso, construyó un castillo para defenderse de los ataques de los duques.

5. Falso. Los castillos de Koldinghus y Riberhus se salvaron de la demolición porque eran importantes puntos de defensa en la frontera sur del reino.

6. Verdadero. Poco después de 1320, Koldingus fue tomada por los condes de Holstein. La ocuparon hasta que Valdemar Atterdag la devolvió al dominio danés, en 1348.

7. Verdadero. Conocido actualmente como el santo patrón de Dinamarca, Knud IV no solo fue el primer gobernante danés, sino también el primer danés canonizado.

8. Falso. El reinado de Dinamarca como imperio marítimo de los mares del norte solo duró hasta 1332, cuando Christoffer II se vio obligado a entregar algunas de las provincias danesas a los condes de Holstein.

9. Verdadero. Entre 1242 y 1320, Dinamarca pasó a una economía de comercio, lo que condujo a la urbanización y al crecimiento económico del país.

10. Verdadero. Aunque la alianza con Noruega le costó a Dinamarca su independencia, también le garantizó seguridad en caso de que los alemanes decidieran atacar y conquistar los territorios daneses.

¿Sabía que...?

En 1320, la nobleza danesa era tan poderosa, que obligó al rey (Christoffer II) a firmar una carta antes de ser coronado. La carta afirmaba que todos los castillos reales de Jutlandia debían ser destruidos, otra forma de disminuir el poder del rey.

Establezca las correspondencias entre las celebridades medievales danesas y sus acciones

1. Holger Danske (Ogier el Danés) - Conquistó todos los países, desde Jerusalén al centro del mundo.

2. Margarita de Dinamarca - Una de las pocas mujeres que gobernó varios países en la Edad Media (Dinamarca, Noruega y Suecia).

3. Knud - Rey mártir de Dinamarca, a veces llamado Canuto.

4. Saxo Grammaticus - Historiador que escribió por primera vez sobre Hamlet.

5. Valdemar II - El rey que hizo prosperar a Dinamarca mediante nuevas leyes y sobrevivió tres años como prisionero de Enrique el Negro.

6. Absalón - Obispo de Roskilde y más tarde arzobispo de Lund.

7. Sir Henrik Svane - Noble caballero y señor de Sundkøbing, que celebró numerosos torneos de caballeros. Luchó contra muchos valientes caballeros, no solo de Dinamarca, sino también de Suecia y otros países.

8. Niels Ebbesen - Héroe nacional, cuyas acciones marcaron el inicio de la liberación de Dinamarca.

9. Esbern el Resuelto - Cruzado y canciller de Valdemar el Grande.

10. Erik Klipping - Construyó uno de los pocos castillos de Dinamarca que sobrevivieron a la época medieval.

Preguntas de respuesta múltiple

1. D. Las casas o granjas señoriales eran casas de campo, propiedad de nobles daneses. Formaban parte del sistema feudal medieval desde principios de la Edad Media.

2. A. El estatus de una casa o granja señorial solo estaba parcialmente ligado al estatus de su propietario. Las casas señoriales eran

utilizadas como viviendas por familias de granjeros adinerados. El propietario podía cambiar (podía dejar de vivir en ella), pero esto significaba que el estatus de la casa o granja también se perdía. Sin embargo, el propietario podía utilizar otra de sus propiedades como casa o granja señorial. En este caso, la nueva propiedad ganaba el estatus señorial.

3. B. Durante este periodo, Dinamarca recibió el nombre de Reino de Valdemar, ya que fue fundado por el rey Valdemar I. Este fue el segundo periodo del gran imperio marítimo de Dinamarca, que duró entre 1157 y 1332.

4. D. La Unión de Kalmar unió a Noruega, Suecia y Dinamarca. Se fundó gracias a los esfuerzos de la reina Margarita y fue dirigida por su sobrino nieto, Erik de Pomerania.

5. A. Las costumbres cortesanas en la Dinamarca medieval eran diferentes de las noruegas. A diferencia de los noruegos, que tradujeron textos franceses e ingleses que los hicieron más caballerescos y menos parecidos a los cruzados, los cortesanos daneses solo utilizaban la lengua alemana, que disponía de muy pocos recursos para comportarse correctamente.

6. A. Dinamarca tenía una historia mucho más rica en tradiciones. Debido a las tradiciones llegadas de diferentes culturas, la corte danesa también era diferente.

7. D. Cuando Valdemar IV murió, los electores nombraron como nuevo rey al joven hijo de Margarita, Olaf II. Como era demasiado joven para gobernar, Margarita gobernó en su lugar, continuando la labor de su padre, que había recuperado muchos territorios de manos de alemanes y suecos. Su marido, Haakon VI, rey de Noruega, murió en 1380, y su hijo en 1387. Como ella y su marido ya gobernaban juntos Dinamarca y Noruega, los noruegos aceptaron a Margarita como gobernante. Aun así, ella pensó que una mujer sería vista como una gobernante débil, por lo que cedió el poder nominal a su sobrino nieto (aunque continuó gobernando, incluso cuando los dos reinos se unieron con Suecia en la unión de Kalmar).

8. B. Erik IV y Abel eran hijos de Valdemar IV. Tras la muerte de su padre, Erik IV se convirtió en rey de Dinamarca, mientras que Abel pasó a ser duque de Schleswig. Sin embargo, Abel quería ocupar el lugar de su hermano y gobernar Dinamarca, no solo una pequeña

tierra en Alemania. Se cree que Abel mató a Erik IV para autoproclamarse rey de Dinamarca, aunque solo lo logró dos años antes de morir él también.

9. C. Dinamarca era un reino electoral, lo que significaba que cualquier rey debía ser elegido formalmente por el pueblo (conocido como los magnates) en las thing de Viborg (Jutlandia), Lund (Escania) y Ringsted (Zelanda).

10. A. Los hvide eran un poderoso grupo de parientes magnates, estrechos aliados de los reyes. Apoyaron y proporcionaron poder militar a los reyes daneses contra Suecia y en las guerras de la cuenca del Báltico.

Capítulo 3: Arte renacentista, ciencia e intrigas en la realeza

Cuando oiga la palabra *Renacimiento*, probablemente piense en pinturas coloristas con motivos religiosos. El renacimiento cultural del clasicismo en Dinamarca tuvo mucho de esto, pero también muchas otras características. Por ejemplo, ¿sabía que uno de los mayores descubrimientos científicos fue realizado por astrónomos renacentistas daneses? En este capítulo, repleto de preguntas de trivia sobre el Renacimiento danés, podrá conocer este y muchos otros hechos sobre acontecimientos y personas que dejaron un legado duradero.

Preguntas de respuesta múltiple

1. ¿Qué astrónomo danés es conocido por sus revolucionarias observaciones de los cielos, incluido el descubrimiento de nuevas estrellas y cometas?

    A. Tycho Brahe

    B. Sofía Brahe

    C. Ole Rømer

    D. Christen Sørensen Longomontanus

2. ¿Qué influyente obra publicó el filósofo danés Tycho Brahe, en 1596, detallando sus observaciones astronómicas?

    A. Una descripción detallada de las posiciones planetarias

    B. *Epistolarvm astronomicarvm libri* (que contiene sus teorías sobre la estructura del sistema solar)

C. Una descripción detallada del sistema solar

D. Un nuevo modelo de sistema solar

3. **¿Qué astrónomo se puso en contacto con Tycho Brahe a finales del siglo XVI para pedirle los detalles de sus investigaciones?**

A. Guillermo de Hesse

B. Christen Sørensen Longomontanus

C. Johannes Kepler

D. René Descartes

4. **¿Qué problema le sugirió resolver Tycho Brahe a Kepler?**

A. La órbita de los planetas

B. La órbita del Sol

C. La relación entre el Sol y Marte

D. El inusual movimiento de Marte

5. **¿Cómo impidió el rey Frederik II que Tycho Brahe abandonara Dinamarca?**

A. Ofreciéndole dinero

B. Diciéndole que sería castigado si intentaba marcharse

C. Concediéndole una isla propia con su respectivo observatorio

D. Pidiéndole que fuera asesor del rey

6. **Además de Frederik II y Johannes Kepler, ¿qué otra persona destacada apoyó el trabajo de Tycho Brahe?**

A. Rodolfo II, emperador del Sacro Imperio romano germánico

B. Niels Steensen

C. Rasmus Bartholin

D. Christian V

7. **¿Quién fue el rey danés conocido como el «Padre del Renacimiento danés» por su apoyo a las artes y las ciencias?**

A. Frederik II

B. Christian IV

C. Christian V

D. Frederik I

8. ¿Por qué Frederik II comenzó a apoyar la ciencia?

A. Le interesaba la ciencia, pero estaba demasiado ocupado para dedicarle tiempo él mismo

B. Pensó que lo convertiría en un líder más fuerte

C. Utilizó la ciencia para fortalecer su reino

D. No quería quedarse atrás respecto a otros líderes europeos que también apoyaban la ciencia

9. ¿Cómo quería Christian IV preservar la historia de Dinamarca?

A. Pagando a escritores para que escribieran libros sobre la historia danesa

B. Pagando la construcción de un edificio que mostrara los elementos de la historia danesa

C. Fundando varias ciudades

D. Todas las anteriores

10. ¿Cómo quería Christian IV que apareciera Dinamarca en los libros de historia?

A. Como un reino más fuerte que todos sus vecinos

B. Como un reino con grandes tradiciones

C. Como un reino moderno

D. Como un reino pacífico

Verdadero o falso

1. La palabra *renacimiento* significa retorno.

- Verdadero
- Falso

2. La Reforma se produjo durante el periodo del Renacimiento.

- Verdadero
- Falso

3. Durante el Renacimiento, el rey era el protector supremo.

- Verdadero
- Falso

4. La lengua danesa se hizo más popular.

- Verdadero
- Falso

5. La corte real estaba descontenta con la llegada del Renacimiento.

- Verdadero
- Falso

6. Los reyes eran los únicos que exhibían estilos de vida magníficos y costosos.

- Verdadero
- Falso

7. Los fastuosos estilos de vida de algunos provocaron importantes contrastes en la sociedad.

- Verdadero
- Falso

8. Los reyes daneses convirtieron a Dinamarca en una potencia dominante en la zona del Báltico.

- Verdadero
- Falso

9. El castillo de Kronborg, en Elsinore, fue construido en 1590.

- Verdadero
- Falso

10. El Renacimiento danés es uno de los periodos con más tradiciones conservadas de la historia del país.

- Verdadero
- Falso

Establezca las correspondencias

1. Christiern Pedersen	Autor de la obra de teatro *El pícaro avaro*.
2. Anders Sørensen Vedel	Escritor de poesía barroca danesa y fundador del primer periódico danés, *Den danske Mercurius*.
3. Peder Palladius	Un verdadero maestro de la poesía, que escribió en todos los géneros poéticos populares durante el Renacimiento.
4. Rancho Hieronymus Justesen	Escritor del *Hexaëmeron* y traductor de los *Salmos*.
5. Anders Bording	Talentoso portavoz y defensor de la Iglesia luterana danesa.
6. Thomas Kingo	Uno de los historiadores más famosos del Renacimiento danés.
7. Anders Arrebo	Autor de *Monumenta Danica*, un libro sobre inscripciones rúnicas. Fue un erudito, más que un artista.
8. Ole Worm	Autor del *Libro de la visitación*.
9. Arild Huitfeldt	Humanista y escritor que tradujo las publicaciones de Martín Lutero y el *Nuevo Testamento*.
10. Hans Tausen	Historiador que tradujo al danés la *Gesta Danorum*, de Saxo Grammaticus, y publicó la primera colección de baladas medievales danesas.

Verdadero o falso

1. El periodo renacentista en Dinamarca fue testigo de un interés por la literatura y la filosofía clásica de Grecia y Roma.

   - Verdadero
   - Falso

2. Los artistas del Renacimiento en Dinamarca centraron sus obras de arte principalmente en temas religiosos.

   - Verdadero
   - Falso

3. Parte del arte estaba dirigido a favor o en contra de la Iglesia católica romana.

   - Verdadero
   - Falso

4. La *Biblia* se tradujo al danés antes del Renacimiento.

   - Verdadero
   - Falso

5. La personalidad y la individualidad eran muy importantes para los artistas del Renacimiento.

   - Verdadero
   - Falso

6. La mayoría de los logros arquitectónicos destacados del Renacimiento se aplicaron en catedrales y otros edificios religiosos.

   - Verdadero
   - Falso

7. Jorgen Friborg fue un maestro arquitecto que reconstruyó el castillo de Frederiksborg.

   - Verdadero
   - Falso

8. En escultura y pintura, dominaba el estilo barroco francés.

   - Verdadero
   - Falso

9. La familia Bartholin realizó importantes contribuciones a la ciencia.

- Verdadero
- Falso

10. Los dos primeros nombramientos de profesores de ciencias filosóficas datan de la época del Renacimiento.

- Verdadero
- Falso

Identifique las imágenes

1. ¿Qué aparece en la imagen?

Imagen 21

Respuesta: _____

2. ¿Qué tiene de inusual el rostro de esta estatua?

Imagen 22

Respuesta:

_____

_____

_____

_____

_____

3. ¿Puede identificar a la persona de este cuadro?

Imagen 23

Respuesta: _____

4. ¿Puede identificar la influencia del pintor en este cuadro?

Imagen 24

Respuesta:

_____
_____
_____
_____
_____

5. ¿Qué muestra este cuadro?

Imagen 25

Respuesta:

_____
_____
_____
_____
_____

6. ¿Puede identificar el edificio de esta fotografía?

Imagen 26

Respuesta: _____

7. ¿Qué representa esta imagen?

Imagen 27

Respuesta:

_____

_____

_____

_____

_____

8. Identifique esta imagen.

Imagen 28

Respuesta:

_____
_____
_____
_____
_____

9. Identifique esta imagen.

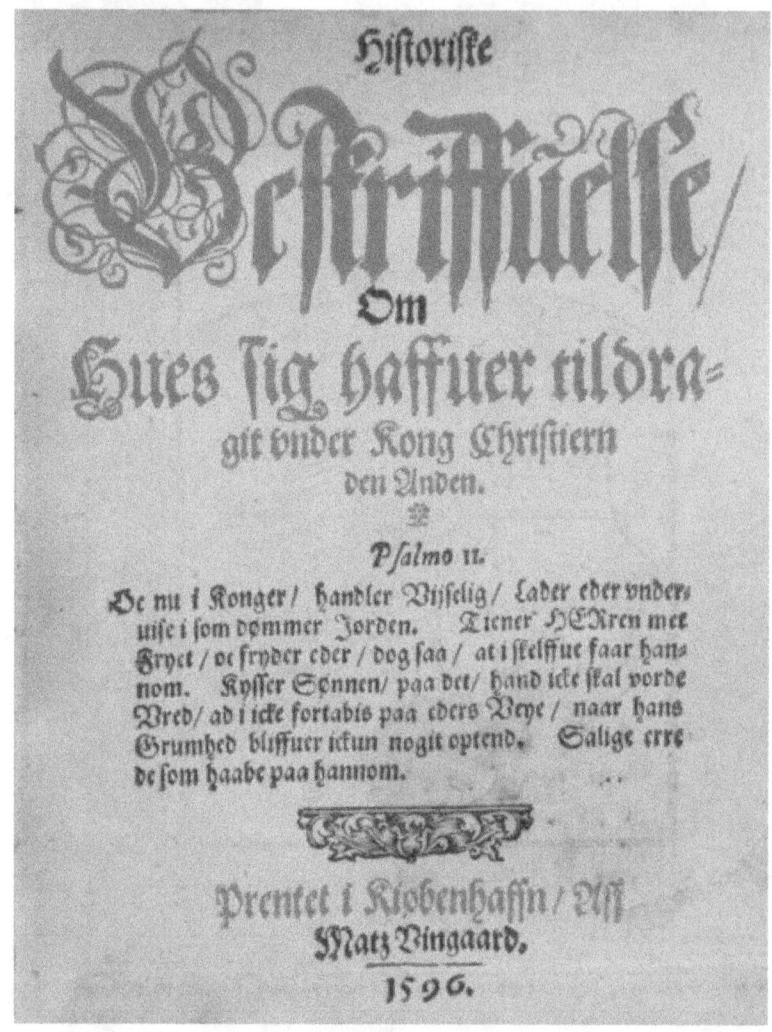

Imagen 29

Respuesta:

_____

_____

_____

_____

_____

10. ¿Quién está en esta imagen?

Imagen 30

Respuesta: _____

Respuestas

Preguntas de respuesta múltiple

1. A. Tycho Brahe es uno de los astrónomos daneses más famosos de la historia. Es conocido por sus revolucionarias observaciones de los cielos, incluido el descubrimiento de nuevas estrellas y cometas. Johannes Kepler adoptó parcialmente sus observaciones, que más tarde conformaron la teoría moderna del sistema solar.

2. B. En 1596, Tycho Brahe publicó *Epistolarvm astronomicarvm libri*, un resumen de las observaciones astronómicas que realizó mientras trabajaba en su observatorio privado. El documento contenía también sus teorías sobre la estructura del sistema solar.

3. C. A finales del siglo XVI, Tycho Brahe fue contactado por el matemático y astrólogo alemán Johannes Kepler. Kepler estaba interesado en saber cómo Brahe había determinado que los planetas giraban alrededor del sol mientras que el sol, la luna y las estrellas se movían alrededor de la Tierra. También esperaba que los detalles de la investigación de Brahe le mostraran si la Tierra era el centro del universo, como afirmaba el danés.

4. D. Una vez que empezaron a trabajar juntos, Brahe sugirió a Kepler que estudiara el inusual movimiento de Marte. Según Brahe y otros astrónomos de la época, Marte no se movía como los otros planetas (a veces parecía moverse hacia atrás, según se observaba), lo que significaba que determinar cómo se movían realmente los planetas era aún más complicado.

5. C. Frederik II era un gran defensor de la ciencia. Cuando se enteró de que uno de los principales investigadores, Tycho Brahe, quería abandonar el país para trabajar en otra corte europea, el rey le ofreció su propia isla privada. En esta isla, el rey le construyó un observatorio a Brahe, dotado de la mejor tecnología de la época.

6. A. Tras asociarse con Kepler, Tycho Brahe empezó a consultar al principal empleador de Kepler, el emperador del Sacro Imperio romano germánico, Rodolfo II. El emperador era tan partidario de la ciencia como el rey danés. Cuando se enteró de que Kepler había contratado a Brahe como ayudante, no dudó en ofrecer su protección y apoyo al astrónomo danés.

7. B. Debido a su apoyo al arte, la ciencia y el auge de la cultura de la época, Christian IV llegó a ser conocido como el padre del

Renacimiento danés. Mientras que su padre, Frederik II, puso la primera piedra de la era renacentista del país, Christian IV hizo brillar a Dinamarca en una fastuosa prosperidad. Su nombre está ligado a todo lo relacionado con el periodo renacentista; ciudades, castillos y otros lugares emblemáticos.

8. C. Cuando Frederik II subió al trono, Dinamarca ya era un reino poderoso. Deseoso de hacerlo aún más fuerte, el rey decidió invertir en investigación científica. Su intento tuvo éxito, ya que la investigación dio lugar a muchos inventos que encontraron buenos usos en el ejército, la agricultura y la vida cotidiana.

9. D. Christian IV era más afín a la historia y las tradiciones nórdicas antiguas que a la cultura medieval. Pensó que era esencial preservar los orígenes de los daneses en edificios y ciudades basados en modelos más antiguos, similares a los vikingos. También ordenó la redacción de dos libros de historia y dio instrucciones específicas sobre cómo plasmar las tradiciones de Dinamarca.

10. A. Aunque los dos libros de historia encargados por Christian IV muestran a Dinamarca como un país poderoso, uno de ellos se empeña sobre todo en describir por qué era mucho mejor que Suecia. Esto se debió a la rivalidad secular y a los siglos de guerras entre ambos países.

¿Sabía que...?

Al igual que hoy en día, el conocimiento significaba poder durante el Renacimiento. Al invertir en ciencia, ampliar sus conocimientos, aprender lenguas y costumbres extranjeras, etc., los reyes daneses abrieron las puertas a nuevas oportunidades. Ganaron partidarios y demostraron que podían ser aliados poderosos, gracias a la nueva tecnología que habían inventado.

Verdadero o falso

1. Falso. *Renacimiento* es una palabra que viene de Italia y significa resurgir. Se usó para expresar que una cultura, popular antes de la Edad Media, había vuelto a nacer.

2. Verdadero. La Reforma, durante la cual la iglesia estatal danesa se hizo protestante, comenzó en 1536 (el mismo año en que comenzó el Renacimiento danés).

3. Verdadero. Los reyes de la época eran extremadamente protectores de la iglesia, de las artes y de la ciencia. Por la misma razón, el arte

de la época católica se retiraba lentamente y se trataba con delicadeza. Aunque representaba el pasado, seguía mereciendo cuidado y respeto.

4. Verdadero. Antes, el alemán y el latín se utilizaban en la corte y en las ceremonias religiosas, pero la lengua danesa tomó el relevo. Muchos textos se tradujeron al danés, a veces con algunos cambios, pero esto solo alimentó la inspiración de los artistas para crear cosas nuevas.

5. Falso. Este periodo no solo dio a las cortes reales más libertad para expresar su poder, influencia y grandeza financiera, sino que también ganaron mucho dinero. Muchas tierras que antes pertenecían a la iglesia pasaron a manos de las cortes, y muchas de ellas eran muy valiosas y guardaban tesoros.

6. Falso. A los nobles también les gustaba el esplendor del arte y la decoración. Se construían casas señoriales ricamente amobladas y decoradas con las últimas creaciones artísticas. Coleccionaban joyas, copas de metales preciosos, armas y mucho más.

7. Verdadero. Mientras los nobles más ricos pasaban sus días rodeados de todo lo clásico y valioso, los del otro extremo de la escala social se empobrecían más que nunca. A menudo se enfermaban y eran excluidos por cometer algún crimen o un delito, y pasaban sus días mendigando en la calle.

8. Falso. Por mucho que intentaron aumentar su poder, invirtiendo en arte y ciencia y consiguiendo alianzas influyentes, ni Frederik II ni su hijo fueron capaces de hacer que Dinamarca fuera más poderosa que Suecia. Así, Suecia siguió siendo la máxima potencia de la región del Báltico.

9. Falso. Frederik II comenzó a construir el castillo de Kronborg, en Elsinor, en 1574. Formaba parte de los esfuerzos del rey por fortalecer el reino danés y obtener una mayor ventaja táctica en caso de ataques enemigos.

10. Verdadero. La mayoría de los monumentos, obras maestras arquitectónicas y obras maestras literarias que se conservan proceden del periodo renacentista. Esta influencia también se ve en la vecina Noruega, que estuvo bajo el dominio de Dinamarca durante el Renacimiento.

Establezca las correspondencias

1. Christiern Pedersen - Humanista y escritor que tradujo las publicaciones de Martín Lutero y el *Nuevo Testamento*.

2. Anders Sørensen Vedel - Historiador que tradujo al danés la *Gesta Danorum*, de Saxo Grammaticus, y publicó la primera colección de baladas medievales danesas.

3. Peder Palladius - Autor del *Libro de la visitación*.

4. Rancho Hieronymus Justesen - Autor de la obra de teatro *El pícaro avaro*.

5. Anders Bording - Escritor de poesía barroca danesa y fundador del primer periódico danés, *Den danske Mercurius* (en 1666).

6. Thomas Kingo - Un verdadero maestro de la poesía, que escribió en todos los géneros poéticos populares durante el Renacimiento.

7. Anders Arrebo - Escritor de *Hexaëmeron* y traductor de los *Salmos*.

8. Ole Worm - Autor de *Monumenta Danica*, un libro sobre inscripciones rúnicas. Fue un erudito, más que un artista.

9. Arild Huitfeldt - Uno de los historiadores más famosos del Renacimiento danés.

10. Hans Tausen - Talentoso portavoz y defensor de la Iglesia luterana danesa.

¿Sabía que...?

A principios del siglo XVI, la poesía danesa tenía temas ligeros, como el amor y la religión, aunque los himnos también eran populares. En el siglo siguiente, se vieron patrones más clásicos, incluidas obras de eruditos, que se convirtieron en escritores muy activos. A mediados del siglo XVII, era frecuente leer sonetos, alejandrinos o hexámetros.

Verdadero o falso

1. Verdadero. Al igual que Italia, cuna del Renacimiento, Dinamarca vio renacer el interés por la literatura y la filosofía clásica de Grecia y Roma.

2. Verdadero. Aunque se vieron otras influencias, la mayoría de los artistas del Renacimiento en Dinamarca centraron sus obras de arte principalmente en temas religiosos. Se inspiraron en textos religiosos (especialmente de escritores) y en obras de arte anteriores. Algunos también retrataron cómo la religión y otros motivos clásicos similares afectaban a sus propias vidas.

3. Verdadero. Al principio, la controversia sobre la reforma fue fuerte, por lo que muchos artistas crearon obras para apoyar o atacar a la Iglesia católica romana.

4. Falso. Christiern Pedersen, un famoso humanista del Renacimiento, fue la primera persona que tradujo toda la Biblia al danés. La terminó en 1550.

5. Verdadero. Tras la opresión a las personas durante la Edad Media, mostrar las experiencias humanas se convirtió en algo sumamente importante, aunque para ello se recurriera a temas clásicos, a menudo religiosos. Además del mandato eclesiástico, los ideales humanos también eran frecuentes en el arte renacentista, lo que constituía una mezcla rica y agradable.

6. Falso. Durante el Renacimiento, la atención se centró en preservar la historia y el arte, no las estructuras religiosas. La mayor parte del esfuerzo artístico se dedicó a crear magníficos castillos, palacios reales, villas y casas señoriales.

7. Verdadero. Aunque muchos edificios fueron construidos por arquitectos neerlandeses (cuyo trabajo fue muy bien pagado por el rey danés), Jorgen Friborg fue uno de los pocos maestros de la arquitectura danesa empleado para construir o reconstruir estructuras, como el castillo de Frederiksborg.

8. Verdadero. Muchos pintores y escultores encontraron inspiración en el arte barroco francés durante el Renacimiento. Se cree que este estilo reflejaba el gusto del rey, ya que la mayoría de los artistas estaban empleados por el regente y vivían en la corte real.

9. Verdadero. Caspar Bartholin el Viejo fue una figura destacada de la medicina y sus investigaciones sobre el sistema nervioso contribuyeron significativamente a los futuros avances de la ciencia anatómica. Su hijo mayor, también médico científico, Thomas Bartholin, creó figuras para publicaciones anatómicas. Su hijo menor, Rasmus Bartholin, médico y matemático, descubrió la doble refracción de los rayos de luz.

10. Verdadero. En 1539, se crearon dos puestos para la enseñanza de las ciencias filosóficas. Uno era para la física, que implicaba la enseñanza de las observaciones de Aristóteles sobre la física y la ética. El otro puesto era para las matemáticas, que comprendía desde la aritmética teórica y práctica, hasta la geometría de Euclides, pasando por la astronomía y la cosmografía.

Identifique las imágenes

1. Este es el *Libro del Corazón*, de la Dinamarca de la década de 1550 (durante el reinado de Christian III). Su forma y los poemas y canciones de amor que contiene hablan de las influencias románticas en la literatura medieval.

2. La estatua muestra la nariz inusualmente chata de Tycho Brahe, resultado de una lesión catastrófica. Cuando tenía veinte años, Brahe retó a otro científico a un duelo. Perdió el duelo, junto con un trozo de su nariz.

3. Este es el retrato de Frederik II, realizado por el famoso pintor real Hans Knieper, en 1571. Muestra la elegancia clásica de uno de los dos reyes que ejerció una influencia duradera en la historia renacentista danesa.

4. Este cuadro, *Vendimiador*, es obra de Bernhard Keil, muy influenciado por el estilo barroco francés de finales del Renacimiento.

5. El cuadro representa a Christian IV herido, hablando con la tripulación de un barco llamado Trinidad. Aunque el cuadro fue creado mucho más tarde, muestra la enorme influencia que este rey renacentista tuvo en la historia de Dinamarca. Era muy querido por el pueblo y se le representaba como valiente y heroico.

6. Se trata de la antigua Bolsa de Copenhague, uno de los edificios ligado al nombre de Christian IV. Además de financiar su construcción, el rey añadió el monograma C4 a este y a todos los demás edificios que erigió en toda Dinamarca.

7. La imagen muestra motivos renacentistas en la arquitectura danesa. Los arquitectos daneses estaban influidos por los constructores renacentistas neerlandeses, e importaban de los Países Bajos la mayoría de los materiales utilizados para los edificios.

8. Se trata de una base con decoración escultórica de 1561 para una columna de un edificio renacentista. El artista es Melchior Lorck, un pintor y grabador alemán, nacionalizado danés.

9. Esta es la portada del libro de Arild Huitfeldt, *Breve descripción histórica de los acontecimientos durante el reinado de Christian II*. Huitfeldt es uno de los escritores e historiadores más influyentes del Renacimiento danés.

---

10. Este es el retrato de Niels Kaas, el canciller danés que actuó como líder de la aristocracia y tutor del joven Christian IV. A lo largo de siete años, pensó que el joven sabía todo lo que necesitaba para gobernar y hacer realidad el sueño de su padre, fortalecer el reino.

Capítulo 4: Reyes, tribunales y controversias

Este capítulo contiene preguntas sobre el periodo de la monarquía absoluta danesa, que fue grandioso en todos los sentidos. Desde el enorme poder del rey, hasta la forma en que los monarcas y sus consejeros favoritos querían mostrar sus puntos fuertes, pasando por muchas controversias, todo era complejo y un poco exagerado. Sin embargo, tuvo una influencia innegable en la historia de Dinamarca, descubra por qué.

Preguntas de respuesta múltiple

1. ¿Qué rey danés es conocido como el heredero del «Rey Sol del Norte» por su fastuosa corte y su gobierno absoluto?

   A. Christian V

   B. Christian IV

   C. Frederik II

   D. Frederik III

2. ¿Qué influyente documento, emitido por el rey Christian V, reforzó la autoridad real en Dinamarca?

   A. Derecho danés

   B. Reglas de la monarquía

   C. Guía del absolutismo

   D. Leyes reales

3. ¿Cuál fue la consecuencia de tener un gobierno centralizado y absoluto?

    A. Los señores feudales se hicieron más poderosos

    B. Los señores feudales perdieron su influencia

    C. El poder del rey se debilitó

    D. Los señores feudales se convirtieron en consejeros del rey

4. ¿Cuál fue la ideología política dominante en la monarquía desde mediados del siglo XVIII?

    A. Reforma

    B. Reforma absoluta

    C. Absolutismo ilustrado

    D. Ilustración parcial

5. ¿Quién fue el poderoso consejero del rey Christian VII, a menudo considerado el gobernante de facto de Dinamarca a finales del siglo XVIII?

    A. Peder Schumacher Griffenfeld

    B. Johann Friedrich Struensee

    C. Paul-Henri Mallet

    D. Johann Hartwig Ernst von Bernstorff

6. ¿Qué gobernante inició la guerra de Escania contra Suecia, en 1665?

    A. Christian VII

    B. Christian V

    C. Frederik IV

    D. Frederik III

7. Las principales instituciones centrales durante la monarquía absoluta fueron:

    A. La cancillería y el tesoro danés

    B. El tesoro y la cancillería de guerra

    C. La cancillería alemana

    D. La cancillería danesa, la cancillería alemana, el tesoro y la cancillería de guerra

8. ¿Cuándo se introdujo el Código Danés?

    A. 1683

    B. 1687

    C. 1783

    D. 1787

9. La monarquía absoluta también dio lugar a una...

    A. Monarquía electiva

    B. Monarquía señorial

    C. Monarquía hereditaria

    D. Ninguna de las anteriores

10. ¿Por qué fue importante la Ley de precedencia, promulgada por Christian V en 1671?

    A. Dio derechos exclusivos a las oficinas del Estado

    B. Dio acceso a la propiedad de la tierra a más personas

    C. Dejó a la nobleza sin privilegios ni estatus

    D. Estableció una jerarquía social basada en el servicio real, en lugar del derecho de nacimiento

Verdadero o falso

1. Los monarcas daneses de la monarquía absoluta ejercían un poder sin límites ni restricciones.

- Verdadero
- Falso

2. La monarquía absoluta otorgó más poder a Dinamarca desde su inicio hasta su fin.

- Verdadero
- Falso

3. En 1849, Dinamarca se había convertido en un país pequeño y pobre.

- Verdadero
- Falso

4. Durante la monarquía absoluta, más gente se trasladó a las grandes ciudades y a la capital.

- Verdadero
- Falso

5. El absolutismo hizo más claras las jerarquías en la sociedad estamental.

- Verdadero
- Falso

6. A menudo, la personalidad del rey determinaba el carácter social de la corte real.

- Verdadero
- Falso

7. La opinión pública se hizo extremadamente poderosa durante la monarquía absoluta.

- Verdadero
- Falso

8. Los reyes absolutistas contaban con nobles servidores que les ayudaban en la administración de los asuntos de la corte.

- Verdadero
- Falso

9. La religión influyó en el absolutismo hasta mediados del siglo XIX.

- Verdadero
- Falso

10. La monarquía absoluta en Dinamarca terminó con la adopción de la *Constitución danesa*, en 1849.

- Verdadero
- Falso

Establezca las correspondencias

1. Christian VI	El primer monarca absoluto que intentó limitar el poder de los funcionarios públicos.
2. Frederik V	Maestro del príncipe heredero, Frederik, y gobernante temporal.
3. Lord Chambelán A.G. Moltke	Terrateniente y líder de la Cámara Financiera que resolvió el problema del trabajo no remunerado (provocado por Struensee).
4. Frederik III	Unió sus fuerzas con las de Napoleón, lo que provocó un ataque devastador del ejército británico.
5. Christian V	El gobernante más escandaloso, conocido por su afición a las fiestas y a la bebida.
6. Ove Høegh-Guldberg	El monarca absolutista con mayor influencia religiosa.
7. Caroline Mathilde	Uno de los asesores más cercanos de Frederik.
8. Karl Peter Ulrich	Adoptó la política de «divide y vencerás», dictando que los funcionarios públicos no tenían ningún poder específico.
9. Príncipe heredero Frederik VI	Duque de Gottorp que permitió al rey danés apoderarse de Schleswig y Holstein.

10. Christian D.F. Reventlow	Reina de Christian VII, mantuvo una estrecha relación con Johann F. Struensee.

Preguntas de respuesta múltiple

1. ¿Cuál era el deber de los condes y barones durante la monarquía absoluta?

　　A. Informar a la corte real

　　B. Recaudar los impuestos

　　C. Cobrar multas y denunciar delitos ante el tribunal señorial

　　D. Gobernar a los pobres

2. ¿Cómo era la influencia de los funcionarios en los asuntos de Estado?

　　A. No tenían mucha influencia

　　B. Eran muy poderosos

　　C. Solo tenían poder en algunos asuntos

　　D. Solo algunos de ellos tenían más poder que antes

3. ¿Cómo personalizó Frederik III las cartas y documentos de la corte?

　　A. Poniendo su firma en todo

　　B. Poniendo el número III en todo

　　C. Poniendo F3 en todo

　　D. No personalizó nada

4. ¿Cómo causó Christian V controversia entre los funcionarios de la corte?

　　A. Impuso duros castigos

　　B. Nombró favoritos e hizo competir a los funcionarios de los tribunales entre sí

　　C. No reconocía su duro trabajo

　　D. Era injusto al recompensarlos

5. ¿Quién puso fin al gobierno de Johann F. Struensee?

    A. Frederik V

    B. Christian VII

    C. El príncipe heredero, Frederik

    D. Juliane Marie

6. ¿Por qué cambió el lugar de residencia del rey durante la monarquía absoluta?

    A. Estaba deteriorado

    B. Necesitaba un nuevo aspecto

    C. Era demasiado pequeño

    D. La reina pidió al rey que lo cambiara

7. ¿Qué monarca absoluto construyó un nuevo distrito en Copenhague?

    A. Frederik V

    B. Frederik IV

    C. Christian V

    D. Christian VII

8. ¿Cómo empleaban su tiempo los miembros del tribunal?

    A. Jugando a las cartas y al ajedrez

    B. Acudiendo a bailes y fiestas

    C. Asistiendo a cenas reales

    D. Todas las anteriores

9. ¿Cuándo se desarrolló la cultura de los clubes en Copenhague?

    A. 1680

    B. 1750

    C. 1780

    D. 1720

10. ¿Cuándo se creó el Tribunal Supremo?

    A. 1771

    B. 1661

    C. 1671

    D. 1761

Identifique las imágenes

1. ¿De quién es esta «firma»?

Imagen 31

Respuesta: _____

2. ¿Qué hay en esta fotografía?

Imagen 32

Respuesta:

_____
_____
_____
_____
_____

3. ¿Quién aparece en esta medalla?

Imagen 33

Respuesta: _____

4. ¿Quién es el autor del siguiente retrato?

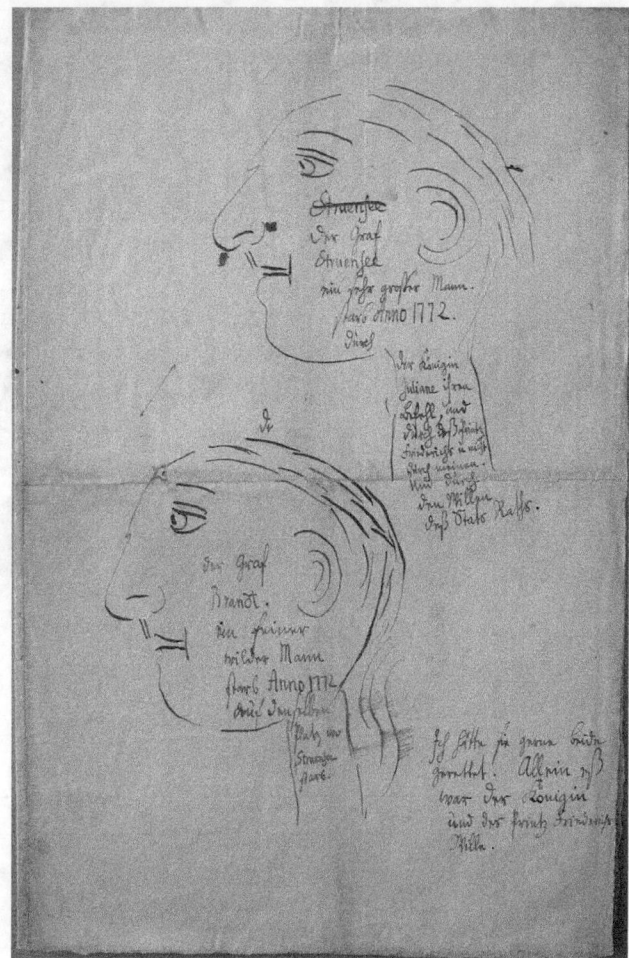

Imagen 34

Respuesta: _____

5. ¿Qué representa esta imagen?

Imagen 35

Respuesta:

_____
_____
_____
_____
_____

6. ¿Quién aparece en este retrato?

Imagen 36

Respuesta: _____

7. ¿Qué tipo de edificio aparece en esta imagen?

Imagen 37

Respuesta: _____

8. ¿Qué se ve en esta fotografía?

Imagen 38

Respuesta: _____

9. ¿Qué acontecimiento significativo se representa en esta pintura?

Imagen 39

Respuesta:

_____

_____

_____

_____

_____

10. ¿Cuál cree que era el propósito de este barco?

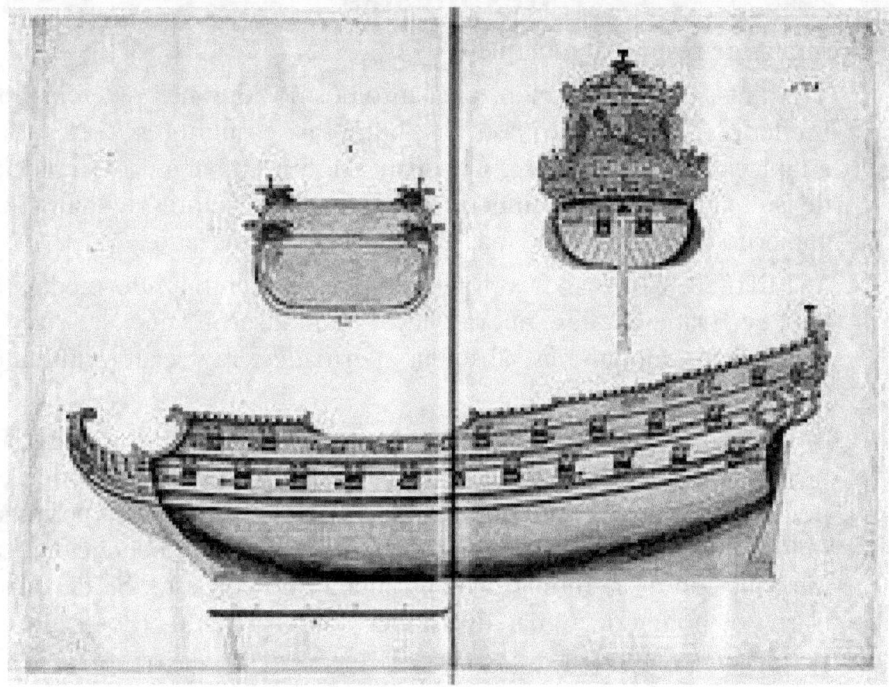

Imagen 40

Respuesta:

_____
_____
_____
_____
_____

Respuestas

Preguntas de respuesta múltiple

1. D. Tras la introducción del absolutismo durante su reinado, Frederik III continuó con las fastuosas costumbres cortesanas establecidas por su padre, Christian IV. Sin embargo, a diferencia de su padre, que dio mucha libertad a los señores feudales, el gobierno de Frederik fue más absolutista y centralizado.

2. A. En 1683, Christian V reforzó el gobierno centralizado mediante la Ley Danesa. Las nuevas leyes garantizaron que la recién establecida monarquía absoluta permaneciera segura durante muchos años.

3. B. Durante cientos de años, los señores feudales figuraron entre las personas más poderosas de Dinamarca. En un momento dado, su poder era incluso mayor que el de los reyes, lo que les permitía obligar al regente a tomar decisiones en su beneficio. La introducción de la monarquía absoluta acabó con esto. Se devolvió al rey el poder de tomar decisiones sobre el reino y los señores perdieron su influencia.

4. C. El absolutismo ilustrado fue la ideología política dominante de la monarquía danesa desde mediados del siglo XVIII. Esta ideología se basaba en los pensamientos de la Ilustración, que iniciaron muchas revoluciones en toda Europa. La Ilustración danesa dio lugar a reformas que transformaron la sociedad y concedieron beneficios al pueblo. Las comunidades rurales obtuvieron más ayuda y los pobres recibieron asistencia para acceder a una mejor educación y atención sanitaria.

5. B. A mediados del siglo XVIII, la salud del rey Christian VII empeoró y tenía un médico, Johann Friedrich Struensee, viviendo en la corte real de Copenhague. El rey confiaba tanto en el médico alemán, que le permitió formar parte de la corte real. En 1771, Struensee fue nombrado ministro del gabinete privado y tuvo un enorme poder político. Introdujo varias reformas y era considerado el gobernante de facto de Dinamarca. Su «gobierno» no duró mucho, porque al año siguiente fue condenado por lesa majestad (un delito contra el regente, similar a la traición).

6. B. Dinamarca perdió las tierras de Escania a manos de Suecia, y Christian V inició una guerra para recuperarlas. La guerra dio lugar

a varias batallas largas, conocidas como las guerras de Escania, que tuvieron lugar entre 1675 y 1679. Desgraciadamente, Suecia tenía como aliados a otros países europeos, por lo que Dinamarca no tuvo éxito.

7. D. Durante la monarquía absoluta, el sistema de administración centralizada estaba dividido en cuatro partes. La cancillería danesa y la cancillería alemana eran responsables del sistema jurídico de Dinamarca y de la región alemana de Schleswig-Holstein, respectivamente. La cancillería de guerra gobernaba la marina y el ejército, mientras que el tesoro danés era responsable de los asuntos financieros.

8. A. Christian V introdujo el Código Danés, en 1683. Fue el primer código legal de Dinamarca, que permitió a los administradores de los distritos trabajar basándose en la ley, y no en otras influencias. El Código Danés sustituyó a las leyes provinciales anteriores, y posteriormente se amplió durante la época de la Ilustración.

9. C. El absolutismo introdujo la monarquía hereditaria, lo que significaba que el trono solo podía heredarse, a diferencia de lo que ocurría anteriormente, cuando los nuevos gobernantes eran elegidos por la nobleza. Esto significaba que el hijo mayor del rey heredaba el puesto de su padre. Si el rey no tenía hijos, el trono pasaba a su hermano menor, tío, primos paternos, etc.

10. D. La ley de precedencia de Christian V determinaba la jerarquía social en función del servicio real, en lugar del derecho de nacimiento, lo que significaba que los nobles tenían aún menos poder en las cortes reales. Además, muchos perdieron estatus y ya no podían asistir a reuniones importantes.

¿Sabía que...?

Christian V no era un monarca experimentado. A diferencia de otros reyes, no estaba preparado para gobernar, por lo que necesitaba la ayuda de sus consejeros para tomar decisiones importantes. Uno de sus principales asesores era Peder Schumacher Griffenfeld, un poderoso señor y el favorito de la corte real. Curiosamente, esta no fue la única vez que el regente de turno tuvo asesores que gobernaban en su lugar.

Verdadero o falso

1. Verdadero. Los monarcas absolutos tenían un poder ilimitado y no estaban obligados a rendir cuentas a nadie. Sin embargo, seguían apoyándose en consejeros y cancilleres. Más tarde, también

escuchaban a la opinión pública a la hora de tomar decisiones que podían afectar al estado de la monarquía.

2. Falso. El absolutismo salvó al país de pérdidas políticas y financieras cuando fue instituido, en 1660. Poco a poco, la corte danesa se volvió más influyente que nunca, pero esto solo duró hasta principios del siglo XIX. En 1814, Dinamarca fue derrotada durante las guerras napoleónicas, perdió Noruega a manos de Suecia y perdió todo su poder político y financiero.

3. Verdadero. Aunque la monarquía absoluta existió hasta 1848, Dinamarca ya era un país pobre y pequeño (en comparación con su tamaño anterior, que incluía Noruega y otros territorios).

4. Falso. Aunque algunos daneses se trasladaron a ciudades más grandes y a la capital durante la monarquía absoluta, la mayoría siguió viviendo en el campo.

5. Verdadero. El absolutismo hizo más claras las jerarquías en la sociedad estamental. Además del pequeño grupo de nobles que conservaba su estatus, había grupos intermedios: campesinos que compraban sus tierras en lugar de heredarlas, comerciantes, maestros artesanos, etc.

6. Verdadero. Los distintos reyes aportaron estilos diferentes a la sociedad cortesana. Por ejemplo, Christian VI, que era un devoto, prohibió los bailes de máscaras y las fiestas nocturnas. Por el contrario, Frederik IV y Christian VII celebraron muchos bailes e incluso tuvieron una compañía teatral de doce actores, lo que permitió a la gente de la corte divertirse y disfrutar del arte. A diferencia de los gobernantes anteriores, que rara vez se dejaban ver fuera del castillo, Frederik VI paseaba con su familia por el jardín de Frederiksberg todos los domingos.

7. Verdadero. Al principio, el absolutismo se basaba en ideales y tradiciones religiosas, pero esto cambió bajo la influencia de la Ilustración. La gente podía leer sobre asuntos importantes en periódicos y libros, y discutir en tertulias. Los tribunales vieron que la opinión de la gente era crucial para establecer un gobierno fuerte y, a finales del siglo XVIII, el absolutismo basado en la opinión era muy popular.

8. Falso. Los monarcas absolutistas ya no confiaban en los nobles consejeros. En su lugar, ampliaron el papel de los funcionarios públicos, incluyéndolos en los procesos administrativos. Muchos de

estos funcionarios tenían un alto nivel educativo, lo que significaba que sabían más sobre cómo apoyar el creciente poder del Estado. Algunos habían estudiado en universidades de otros países, mientras que otros eran licenciados en derecho de la Universidad de Copenhague.

9. Verdadero. La religión tuvo una poderosa influencia en la monarquía absoluta, incluso durante la Ilustración. Aunque los distintos gobernantes apoyaban ideas religiosas diferentes, estas siempre desempeñaron un papel central en sus decisiones. Durante la Ilustración, la religión siguió siendo influyente, lo que provocó muchos conflictos con los partidarios del pensamiento ilustrado.

10. Verdadero. La monarquía absoluta en Dinamarca terminó con la adopción de la *Constitución danesa*, en 1849. Fue la primera constitución libre, que no se regía por ninguna ideología política o religiosa.

¿Sabía que...?

Entre 1650 y 1750, la población de Copenhague casi se duplicó, pero no se debió a que más nobles se trasladaran para estar cerca de la corte real. El aumento demográfico se debió al sistema de administración centralizada, que requería que más gente culta viviera y trabajara en la capital.

Establezca las correspondencias

1. Christian VI - El monarca absolutista con mayor influencia religiosa.

2. Frederik V - El gobernante más escandaloso, conocido por su afición a las fiestas y a la bebida.

3. Lord Chambelán A.G. Moltke - Uno de los asesores más cercanos de Frederik.

4. Frederik III - El primer monarca absoluto que intentó limitar el poder de los funcionarios públicos.

5. Christian V - Adoptó la política de «divide y vencerás», dictando que los funcionarios públicos no tenían ningún poder específico.

6. Ove Høegh-Guldberg - Maestro del príncipe heredero, Frederik, y gobernante temporal.

7. Carolina Matilde - Reina de Christian VII, mantuvo una estrecha relación con Johann F. Struensee.

8. Karl Peter Ulrich - Duque de Gottorp que permitió al rey danés apoderarse de Schleswig y Holstein.

9. Príncipe heredero Frederik VI - Unió sus fuerzas con las de Napoleón, lo que provocó un ataque devastador del ejército británico.

10. Christian D.F. Reventlow - Terrateniente y líder de la Cámara Financiera que resolvió el problema del trabajo no remunerado (provocado por Struensee).

¿Sabía que...?

El palacio de Christiansborg fue una de las mayores residencias de los monarcas daneses de la historia. Albergaba a ochocientos miembros de la corte. Otras trescientas personas vivían en la mansión del Príncipe, que estaba cerca del palacio de Copenhague. La mansión del Príncipe es ahora el Museo Nacional de Dinamarca.

Preguntas de respuesta múltiple

1. C. Los barones y los condes tenían el deber de denunciar los delitos locales ante el tribunal señorial, administrar los procedimientos judiciales y recaudar las multas de los condenados por crímenes. A cambio, no tenían que pagar impuestos, pero este era uno de los pocos beneficios que tenían.

2. B. Al principio del absolutismo, los funcionarios tenían mucho poder, lo que significaba que el dominio del rey dependía de su influencia sobre los funcionarios. Más tarde, esto cambió, ya que los funcionarios públicos dejaron de tener una influencia ilimitada sobre asuntos concretos y el trabajo se dividió entre ellos.

3. A. Para reducir la influencia de los funcionarios públicos, Frederik III empezó a poner su firma en todas las cartas y documentos de la corte. De este modo, todos sabían quién mandaba y ostentaba el poder absoluto.

4. B. Christian V solía nombrar favoritos entre los funcionarios de la corte. Esto significaba que los funcionarios más experimentados siempre competían entre sí para ganarse el favor del rey. Puso fin a esta práctica tras darse cuenta de que uno de sus favoritos, Peder Schumacher, ostentaba demasiado poder, mientras apoyaba a Suecia sin la aprobación de la corte danesa.

5. D. El gobierno de facto de Johann F. Struensee terminó tras ser acusado y condenado por un delito contra el rey. La acusación fue

formulada en primer lugar por Juliane Marie, viuda de Frederik V y madre de su hijo, Frederik, príncipe heredero de Dinamarca.

6. B. Los reyes daneses habían residido en el castillo de Copenhague durante siglos. Sin embargo, la estructura abierta de estilo medieval de este edificio no representaba los valores de la monarquía absoluta y hubo que cambiarla. Frederik IV reconstruyó casi todo el castillo, dándole un nuevo y fastuoso aspecto. Christian VI seguía sin estar satisfecho con el castillo, por lo que lo demolió por completo y construyó en su lugar el enorme palacio de Christiansborg.

7. A. El distrito Frederiksstaden de Copenhague fue construido por Frederik V, en 1748. Fue la forma que tuvo este rey de mostrar su poder absoluto. El distrito estaba rodeado por cuatro palacios, dos de los cuales se convirtieron más tarde en casas reales (después de que el palacio de Christiansborg se incendiara y fuera reconstruido, pero la familia real nunca volvió a trasladarse a él).

8. D. Los miembros de la corte pasaban el tiempo jugando al ajedrez, a las cartas o a los dados. Los más afortunados, cenaban con la familia real, mientras que en fechas especiales, todos los miembros de alto rango de la corte eran invitados a magníficos banquetes. Durante estos eventos, cada uno era tratado en función de su rango, lo que reflejaba la jerarquía de la sociedad (excepto durante los bailes de máscaras, en los que todos eran tratados por igual).

9. C. La cultura de los clubes en Copenhague se popularizó en 1780. Los clubes podían ser públicos, lo que daba a más gente la oportunidad de discutir sobre temas importantes; o sociedades eruditas, donde únicamente personas cultas hablaban sobre los descubrimientos científicos más recientes.

10. B. El Tribunal Supremo de Dinamarca se fundó en 1661. Antes de esto, la gente tenía que llevar al Tribunal de Apelación Final del Rey los asuntos que no podían resolver por su cuenta. Aunque el rey seguía siendo el máximo poder en el Tribunal Supremo, contaba con jueces que lo reemplazaban cuando no podía asistir a una vista o a un fallo.

¿Sabía que...?

Tras la muerte de Johann F. Struensee, en 1772, el trono pasó a Frederik, príncipe heredero de Dinamarca, que era el único heredero superviviente de Frederik V. El nuevo rey cogobernó con su madre,

Juliane Marie, y su maestro, Ove Høegh-Guldberg. Sin embargo, después de 1784, el poder fue arrebatado por otro Frederik, el príncipe heredero e hijo de Christian VII y Caroline Mathilde.

Identifique las imágenes

1. Además de estampar su firma en cartas y documentos, Frederik III hacía saber en qué funcionarios confiaba entregando cartas de privilegios con el escudo de armas de Copenhague, que se ve en la imagen.

2. Es un monograma de Christian V, a quien, como a Christian IV, le gustaba poner su «firma» en los edificios y obras de arte que encargaba.

3. Se trata de una medalla conmemorativa de Christian VI, creada después de que el rey decidiera aumentar el tamaño de la Marina Real. El reverso de la medalla muestra los barcos de la flota, vistos desde la popa, con el dios del mar Neptuno inspeccionándolos. Se usaban en Dinamarca y Noruega.

4. El retrato fue dibujado por Christian VII en 1775. Muestra a Johann F. Struensee y a su amigo, Enevold Brandt, las dos personas condenadas por conspirar contra el rey. Tras haber depositado su confianza en Struensee durante mucho tiempo, al rey le costó asimilar la traición, y este dibujo pudo ser la forma de sobrellevarlo.

5. La imagen muestra la gran sala del Tribunal Supremo en 1754, durante el reinado de Frederik V. Es obra de Jonas Haas, el famoso grabador del siglo XVIII que trabajó en edificios famosos, como la magistratura de Copenhague, en la plaza Gammeltorv.

6. Este es el retrato del príncipe heredero Frederik (que pronto se convirtió en Frederik VI de Dinamarca) conociendo al joven Christian VIII. El niño era hijo del hermanastro del padre de Frederik, y su futuro sucesor en el trono.

7. El dibujo representa una clásica casa señorial de mediados del siglo XVIII. Se llama *Castillo de Jægerspris*, y sin duda es un magnífico castillo. Perteneció a los monarcas daneses, que lo utilizaban para escapar de la opinión pública, y más tarde sirvió como refugio para las mujeres.

8. Una extravagante lámpara de araña colgando en la Cámara de Audiencias de Christian V. Basándose en los deseos del rey, la cámara se construyó con un techo alto, que se hizo popular y marcó la arquitectura de la época del absolutismo.

9. Frederik III se entera de que es el rey de una monarquía absoluta.

10. Es el Gyldenløve, el modelo más nuevo de los navíos daneses, utilizado a partir de 1674. Estaba destinado al rey, lo que queda claro por los elementos decorativos, que reflejan el lujo del absolutismo.

Capítulo 5: Némesis napoleónicas: diplomacia y conflicto danés

La época napoleónica fue un reto para todos los países del continente europeo, y Dinamarca no fue la excepción. Dinamarca-Noruega quería permanecer neutral en el conflicto que se estaba gestando entre Gran Bretaña y Francia, pero no pudo. Este capítulo ofrece muchas preguntas y datos interesantes sobre este período, durante el cual Dinamarca también tuvo que luchar con su archienemigo, ¡Suecia!

Verdadero o falso

1. Dinamarca-Noruega permaneció neutral durante los primeros años de las guerras napoleónicas.

   - Verdadero
   - Falso

2. El Tratado de Kiel, de 1814, dio lugar a que Dinamarca cediera Noruega a Suecia.

   - Verdadero
   - Falso

3. Francia y Rusia presionaron a Dinamarca para que uniera su flota a la de Napoleón.

   - Verdadero
   - Falso

4. Gran Bretaña temía que Napoleón derrotara a los británicos si se le unía la flota danesa.

- Verdadero
- Falso

5. Dinamarca quería firmar un tratado con Gran Bretaña.

- Verdadero
- Falso

6. Las fuerzas británicas comenzaron su ataque rodeando a Zelanda.

- Verdadero
- Falso

7. Dinamarca entregó sus puertos nórdicos a los británicos de buena gana.

- Verdadero
- Falso

8. Dinamarca esperaba que Napoleón atacara desde la zona de Schleswig-Holstein.

- Verdadero
- Falso

9. Dinamarca fue aliada de Gran Bretaña durante todas las guerras napoleónicas.

- Verdadero
- Falso

10. Frederik VI se enfrentó a las críticas tras el desastroso final de la guerra.

- Verdadero
- Falso

Establezca las correspondencias

1. Edmund Bourke	Oficial naval y consejero privado que desempeñó un papel crucial durante la neutralidad armada de Dinamarca.
2. Christian Bernstorff	Comandante que defendió Copenhague de las fuerzas británicas en 1801.
3. Niels Rosenkrantz	Oficial naval danés que organizó las defensas noruegas contra Suecia y luego contra Gran Bretaña.
4. Steen Andersen Bille	Oficial naval danés, conocido por sus acciones heroicas y su sacrificio en la batalla de Zealand Point.
5. Hinrich Ernst Peymann	Comandante naval danés-noruego que dirigió varias batallas contra la armada británica en aguas de las Indias Occidentales danesas.
6. Johan Olfert Fischer	Noble danés que fue gobernador de Noruega durante las guerras napoleónicas. Más tarde, se convirtió en gobernador de Schleswig y Holstein.
7. Lorentz Fisker	Ministro de Asuntos Exteriores que trabajó estrechamente con el entonces príncipe regente Frederik VI, hasta 1810.
8. Peter Willemoes	Negociador danés que firmó el tratado de paz en Kiel.

9. Carl Wilhelm Jessen	Comandante de las fuerzas danesas durante la segunda batalla de Copenhague, en 1807. También firmó la capitulación en Hellerupgård.
10. Príncipe Frederik de Hesse	Segundo ministro de Asuntos Exteriores bajo el reinado de Frederik VI; participó en las guerras napoleónicas junto a su rey.

Preguntas de respuesta múltiple

1. ¿Cómo se llamó la célebre batalla naval de 1801, en la cual la flota danesa resistió a los ataques británicos durante las guerras napoleónicas?

   A. Batalla del Báltico

   B. Batalla Danesa

   C. Primera batalla de Copenhague

   D. Batalla del Norte

2. ¿Qué príncipe danés sirvió como mariscal de campo en el ejército francés bajo el mando de Napoleón Bonaparte?

   A. Charles III John

   B. Christian Frederik

   C. Príncipe heredero Frederik

   D. Príncipe Christian August

3. ¿Cuál fue la consecuencia para Dinamarca de unirse al sistema continental de Napoleón, que pretendía bloquear el comercio británico?

   A. Rompió relaciones con Rusia

   B. La relación con Suecia se hizo aún peor

   C. Acabó en el bando perdedor de la guerra

   D. Todas las anteriores

4. ¿Cómo reaccionó el príncipe regente danés ante el avance de Napoleón hasta la frontera de Holstein?

   A. Firmó un nuevo plan naval

   B. Retiró a su ejército de los distritos meridionales de Holstein

   C. Llevó más fuerzas a los distritos del sur de Holstein

   D. Ninguna de las anteriores

5. ¿Por qué Frederik VI confiaba tanto en el éxito de Napoleón?

   A. Era testigo del avance de Napoleón en Europa, donde nadie podía derrotar al emperador francés.

   B. Era un gran admirador del fuerte carácter de Napoleón

   C. Creía que los rusos estaban en inferioridad numérica y eran más débiles

   D. Pensaba que la táctica de Napoleón era impecable

6. ¿Cuál fue la condición de Frederik V para romper su alianza con Napoleón?

   A. Inmunidad garantizada

   B. Compensación financiera

   C. Más apoyo a Noruega

   D. Garantía de la integridad territorial de su estado

7. ¿Cuáles fueron las condiciones del Tratado de Fontainebleau?

   A. Apoyo mutuo, Dinamarca se unía al sistema continental y Francia compensaba las pérdidas de Dinamarca durante la guerra.

   B. La adhesión de Dinamarca al sistema continental sin ninguna compensación

   C. Ninguna de las partes podía negociar la paz sin la otra

   D. Dinamarca garantizaba la integridad de Francia

8. ¿Qué quería conseguir Gran Bretaña al apoderarse de los puertos daneses?

   A. Continuar el comercio para abastecer de productos al país

   B. Continuación del comercio para abastecer a los aliados de metales y granos

   C. Tener más oportunidades de exportación/importación

   D. Obtener acceso a puntos estratégicos defensivos y ofensivos

9. ¿Comprendieron finalmente los daneses que los franceses no pagarían por sus pérdidas?

    A. No, nunca pensaron que no serían compensados

    B. Sospechaban, pero no estaban seguros

    C. Lo sabían, pero se centraron en preservar la integridad de su estado

    D. No, no lo sabían, a pesar de que fueron advertidos por los británicos

10. ¿Qué tratado propuso Frederik VI a Napoleón en 1812?

    A. Un tratado de apoyo contra Rusia a cambio de Holstein

    B. Un tratado de apoyo contra Suecia a cambio de ayuda financiera

    C. Un tratado de apoyo contra Gran Bretaña y Suecia a cambio del apoyo de Noruega

    D. Un tratado de apoyo contra Rusia a cambio de un tratado comercial

Verdadero o falso

1. Las guerras napoleónicas tuvieron un fuerte efecto en la economía de Dinamarca desde el principio.

   • Verdadero

   • Falso

2. La decisión de Dinamarca de ponerse del lado de Napoleón se debió únicamente a razones económicas y defensivas.

   • Verdadero

   • Falso

3. Dinamarca se vio obligada a declararse en bancarrota tras las guerras.

   • Verdadero

   • Falso

4. A Dinamarca-Noruega le preocupaba defenderse de un posible ataque sueco.

   • Verdadero

   • Falso

5. Inicialmente, Dinamarca mantuvo la mayor parte de sus fuerzas de defensa cerca de Copenhague.

- Verdadero
- Falso

6. Un conflicto con Napoleón habría tenido consecuencias catastróficas para el reino de Dinamarca-Noruega.

- Verdadero
- Falso

7. Dinamarca quería buscar la mediación antes de 1814.

- Verdadero
- Falso

8. Napoleón apoyó a su aliado danés contra la agresión sueca.

- Verdadero
- Falso

9. Dinamarca no quería ayudar a los noruegos a independizarse.

- Verdadero
- Falso

10. La derrota de Napoleón no fue una sorpresa para Dinamarca.

- Verdadero
- Falso

Identifique las imágenes

1. ¿Qué batalla se muestra en esta imagen?

Imagen 41

Respuesta:

_____
_____
_____
_____
_____

2. ¿Qué país tuvo este escudo real de armas hasta principios del siglo XIX?

Imagen 42

Respuesta:

_____
_____
_____
_____
_____

3. ¿Qué representa esta imagen?

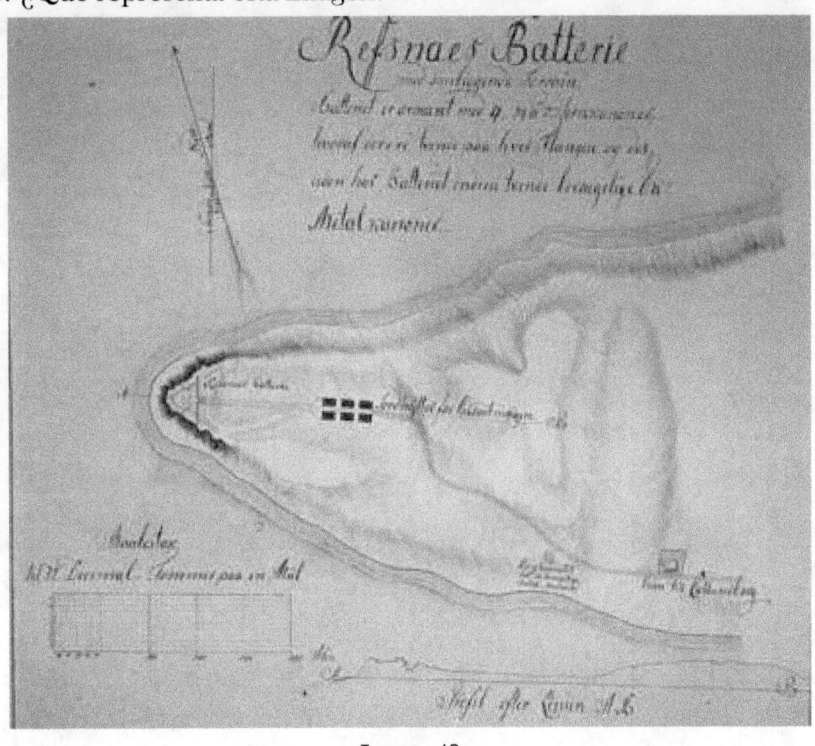

Imagen 43

Respuesta:

_____

_____

_____

_____

_____

4. ¿Puede identificar el territorio que aparece en el mapa?

Imagen 44

Respuesta:

_____
_____
_____
_____
_____

5. El único hombre en Dinamarca que predijo que Napoleón perdería. ¿Quién era?

Imagen 45

Respuesta:

_____

_____

_____

_____

_____

6. Identifique el barco de la imagen.

DIANA

Imagen 46

Respuesta:

_____

_____

_____

_____

_____

7. ¿Qué batalla se muestra en esta imagen?

Imagen 47

Respuesta:

_____

_____

_____

_____

_____

8. Fue el valiente estratega que, para desgracia de los daneses, ayudó a derrotar a Napoleón. ¿Quién era?

Imagen 48

Respuesta:

_____

_____

_____

_____

_____

9. ¿Qué acontecimiento de la era napoleónica aparece aquí?

Imagen 49

Respuesta:

_____

_____

_____

_____

_____

10. Dinamarca participó en varias batallas durante las guerras napoleónicas. ¿Cuál se muestra en la imagen?

Imagen 50

Respuesta:

_____

_____

_____

_____

_____

Respuestas

Verdadero o falso

1. Verdadero. El reino de Dinamarca-Noruega permaneció neutral entre 1803 y 1815, a pesar de las presiones de ambos bandos.

2. Verdadero. Aunque el Tratado de Kiel puso fin a los conflictos entre Dinamarca y Suecia, le costó a Dinamarca el territorio de Noruega. Al entregar Noruega a Suecia, Dinamarca puso fin a la era del reino conjunto, que había iniciado en 1380.

3. Verdadero. Francia y Rusia presionaron a Dinamarca para que uniera su flota a la de Napoleón, porque esto podía significar que los barcos comerciales británicos no pudieran navegar en los puertos nórdicos (limitando la capacidad exportadora de Gran Bretaña).

4. Verdadero. Los barcos daneses (tanto los de guerra como los comerciales) siempre tuvieron fama de ser los más fuertes de Europa. Los británicos no querían enfrentarse a ellos, preferían tenerlos del lado de su propia flota.

5. Falso. Cuando Gran Bretaña pidió a Dinamarca que firmara un tratado y le cediera sus barcos de guerra, Dinamarca se negó. Aunque los británicos prometieron devolver los barcos cuando terminara el conflicto con Napoleón, los daneses no les creyeron. Además, Napoleón amenazaba con invadir Dinamarca desde el sur, por lo que necesitaban todo su poderío para defenderse.

6. Verdadero. Copenhague está situada en la isla de Zelanda. Al rodearla, las fuerzas británicas consiguieron aislar la capital de las demás islas y del continente, dejándola indefensa.

7. Falso. Solo después de que los británicos bombardearan Copenhague, matando a doscientos civiles y destruyendo muchos edificios, Dinamarca rindió sus puertos y buques de guerra a Gran Bretaña.

8. Verdadero. Dada su ubicación (las guerras napoleónicas ya estaban en pleno apogeo en Alemania), el Ducado alemán de Schleswig-Holstein era el lugar más probable para que Napoleón atacara. Dinamarca concentró la mayor parte de sus fuerzas de defensa en esta zona, dejando indefensa a Copenhague.

9. Falso. A pesar de rendirse tras el ataque a Copenhague, Dinamarca no permaneció del lado británico. En última instancia, Dinamarca se alió con Francia, ya que el rey Frederik VI veía a Napoleón como un poderoso aliado.

10. Falso. Frederik VI era un rey muy querido y siguió siendo popular, incluso después de que su decisión de unirse a Napoleón condujera a un desastre nacional. Su aliado francés perdió la guerra, pero el pueblo danés no perdió la fe en su líder.

¿Sabía que...?

Dinamarca tenía una larga historia de conflictos con Gran Bretaña y Suecia. Frederik VI pensó que ganarse el apoyo de Napoleón sería útil para hacer frente a futuros ataques de países enemigos.

Establezca las correspondencias

1. Edmund Bourke - Negociador danés que firmó el tratado de paz en Kiel.

2. Christian Bernstorff - Ministro de Asuntos Exteriores que trabajó estrechamente con el entonces príncipe regente, Frederik VI, hasta 1810.

3. Niels Rosenkrantz - Segundo ministro de Asuntos Exteriores bajo el reinado de Frederik VI; participó en las guerras napoleónicas junto a su rey.

4. Steen Andersen Bille - Oficial naval y consejero privado que desempeñó un papel crucial durante la neutralidad armada de Dinamarca.

5. Hinrich Ernst Peymann - Comandante de las fuerzas danesas durante la segunda batalla de Copenhague en 1807. También firmó la capitulación en Hellerupgård.

6. Johan Olfert Fischer - Comandante que defendió Copenhague de las fuerzas británicas en 1801.

7. Lorentz Fisker - Oficial naval danés que organizó las defensas noruegas contra Suecia y luego contra Gran Bretaña.

8. Peter Willemoes - Oficial naval danés, conocido por sus acciones heroicas y su sacrificio en la batalla de Zealand Point.

9. Carl Wilhelm Jessen - Comandante naval danés-noruego que dirigió varias batallas contra la armada británica en aguas de las Indias Occidentales danesas.

10. Príncipe Frederik de Hesse - Noble danés que fue gobernador de Noruega durante las guerras napoleónicas. Más tarde, se convirtió en gobernador de Schleswig y Holstein.

Preguntas de respuesta múltiple

1. C. Dinamarca resistió los ataques británicos en la primera batalla de Copenhague, en 1801, pero sufrió una derrota. Aun así, su capacidad de resistencia hizo que Gran Bretaña empezara a ver a Dinamarca como un oponente fuerte.

2. C. Frederik VI envió a través de Noruega al príncipe heredero, Christian Frederik, para ayudar a Napoleón.

3. D. Tras unir sus fuerzas con las de Napoleón para bloquear el comercio británico a través del sistema continental, Dinamarca perdió a muchos de sus amigos. La alianza con Rusia quedó en el pasado y los conflictos entre Dinamarca y Suecia se hicieron más intensos que nunca. En última instancia, la mayor consecuencia fue quedar en el bando perdedor de las guerras.

4. A y B. Cuando se enteró de que Napoleón había alcanzado la frontera de Holstein, el príncipe regente danés reaccionó, retirando su ejército de los distritos meridionales de Holstein, con la esperanza de evitar el conflicto con los franceses. Poco después, también encargó un nuevo plan naval, que incluía el uso de barcos cañoneros más ligeros (más adecuados para apoyar al ejército), en lugar de los tradicionales buques de guerra.

5. B. Frederik VI conoció a Napoleón en 1807 y su carácter y su rapidez de pensamiento le parecieron muy admirables. El rey danés siempre estuvo más preocupado por las estrategias militares que por dirigir a su país, por lo que no es extraño que la personalidad del emperador francés lo impresionara.

6. D. A pesar de los posibles peligros, Frederik VI consideró la posibilidad de romper la alianza con Napoleón. Su única condición era que se le garantizara la integridad territorial de su estado, lo que significaba que el reino de Dinamarca-Noruega permaneciera como estaba y no perdiera ningún territorio.

7. A y C. En 1807, el príncipe regente de Dinamarca y Napoleón firmaron el Tratado de Fontainebleau, que establecía que ninguno de los dos líderes podía negociar la paz con sus enemigos sin la aprobación del otro. Dinamarca y Napoleón también acordaron el apoyo mutuo, con Dinamarca uniéndose al sistema continental y

Francia compensando las pérdidas de Dinamarca durante la guerra.

8. B. Gran Bretaña utilizó los puertos bálticos (incluidos los daneses) para intercambiar sus exportaciones y productos de las colonias por metales preciosos y cereales. Los utilizó para enviar suministros a sus aliados contra Napoleón y mantener sus almacenes navales abastecidos.

9. C. Abastecer al ejército francés con alimentos, armas y todo lo necesario en tiempos de guerra le costó mucho a Dinamarca. Al final, los daneses se dieron cuenta de que no serían recompensados por estos gastos, y se centraron en preservar la integridad de sus territorios.

10. D. En 1812, Frederik VI ofreció a Napoleón un tratado secreto en el que le ofrecía 1.000 soldados de caballería, 9.000 soldados de infantería y cincuenta cañones de campaña a las fuerzas francesas en el norte de Alemania.

¿Sabía que...?

Frederik VI supo que los rusos atacarían a las fuerzas de Napoleón entre el mar de Zuider y el río Oder, y que la flota danesa adicional ayudaría a los franceses a rechazar cualquier sublevación y desembarco en la costa báltica. Todo lo que pidió a cambio fue un tratado comercial, que Napoleón nunca cumplió (a pesar de aceptar la ayuda contra Rusia).

Verdadero o falso

1. Verdadero. Gran Bretaña y Francia buscaban debilitar la economía del otro, haciendo grandes esfuerzos para limitar el comercio en los puertos europeos. Esto afectó a la economía de Dinamarca-Noruega desde el principio de las guerras, ya que el comercio del país se vio afectado.

2. Falso. Dinamarca también estaba motivada por ganancias territoriales. El Ducado alemán de Schleswig-Holstein había pertenecido anteriormente a Dinamarca-Noruega, pero se había perdido a manos de Prusia en una guerra anterior. Napoleón prometió que, si Dinamarca unía sus fuerzas al ejército francés, ayudaría a devolver el ducado al dominio danés.

3. Verdadero. Después de que Napoleón perdiera la guerra, Dinamarca se encontraba en un terrible estado financiero. Además de perder Noruega, el reino estaba devastado por la pérdida de soldados, barcos de guerra y oportunidades comerciales.

4. Verdadero. Aunque seguía siendo neutral, el reino estaba preocupado por un posible ataque de Suecia. Desde 1773, Dinamarca mantenía una estrecha alianza con Rusia (que incluía el apoyo contra Suecia). Sin embargo, esta alianza era la principal estrategia de defensa del reino, y se demostró que esto era un error.

5. Verdadero. Incluso al principio de las guerras napoleónicas, Dinamarca mantenía su línea de defensa más poderosa, la flota naval, cerca de Copenhague. Preveían un ataque de Suecia, y sus buques de guerra eran superiores a los suecos, por lo que confiaban en su victoria.

6. Verdadero. Si Dinamarca se hubiera puesto del lado de Gran Bretaña en lugar de Francia, Napoleón habría invadido Holstein, Schleswig y Jutlandia. La mayor producción de grano de Dinamarca procedía de estos territorios, y perderlos habría significado dañar la buena relación con Noruega. El comercio de granos desempeñaba un papel muy importante en la relación entre los dos reinos, y la población de Noruega (incapaz de cultivar por el duro clima) dependía de los envíos.

7. Verdadero. Frederik VI aceptó mediar entre Rusia y Francia. Napoleón también aceptó la mediación dirigida por Austria, pero solo lo hizo para ganar tiempo y adelantarse a Rusia.

8. Falso. A pesar de las esperanzas de Frederik VI, Napoleón no hizo nada para apoyar a Dinamarca contra Suecia durante el período de conflicto intenso, entre 1808 y 1809. Como Rusia estaba en guerra con Napoleón, también terminó su alianza con Dinamarca, dejando a los daneses mucho más vulnerables ante los ataques suecos.

9. Falso. Al enterarse de que Noruega se separaría de Dinamarca tras 434 años de unión, los noruegos quisieron luchar por su independencia y se negaron a unirse a Suecia. Dinamarca quiso ayudarles, pero fue presionada para suspender esa ayuda. En una muy mala posición financiera y política, Dinamarca no tuvo más remedio que aceptar.

10. Falso. Incluso después de presenciar varias batallas en las que los rusos derrotaron a los franceses, Frederik VI seguía creyendo que Napoleón ganaría las guerras, al igual que la mayor parte de Europa.

Identifique las imágenes

1. La primera batalla de Copenhague. A la izquierda, se ven los barcos británicos navegando para atacar a los barcos daneses, a la derecha.

La formación lineal de los barcos daneses fue intencionada. Debían defender Copenhague a toda costa, y así lo hicieron.

2. Dinamarca-Noruega. Este fue el último escudo real de armas del reino gemelo, y se usó desde 1699 hasta 1819. Aunque Noruega se separó de Dinamarca en 1814, el símbolo conjunto se utilizó hasta varios años después, cuando los noruegos lucharon por su independencia.

3. La imagen muestra el contorno de las baterías de cañones alrededor de la isla de Zelanda. Se planearon estrategias de defensa similares tras la derrota de Dinamarca ante las fuerzas británicas en 1807.

4. Es el Ducado de Holstein. La llegada de Napoleón allí fue un momento crucial en la historia de Dinamarca.

5. Niels Rosenkrantz. Sorprendentemente, fue la mano derecha del rey quien predijo que Napoleón perdería la batalla contra Rusia.

6. Esta es la Diana, una de las fragatas de cañones ligeros construida en Copenhague. Zarpó hacia las Antillas danesas en 1807, poco antes de que Gran Bretaña declarara la guerra a Dinamarca. La tripulación se enteró de que los dos países estaban en guerra por un buque británico y navegó inmediatamente hacia aguas españolas. Desgraciadamente, cuando España se unió también contra Dinamarca, capturó el barco.

7. La batalla de Friedland, en 1807. La imagen muestra a la caballería francesa cargando contra las fuerzas rusas.

8. El conde von Bennigsen, jefe del ejército ruso, no solo libró cruentas batallas contra Napoleón, sino que lo superó en varias ocasiones.

9. Napoleón se reúne con el emperador ruso, Alejandro I, para firmar los Tratados de Tilsit, tras la victoria de Napoleón en la batalla de Friedland, en 1807. Para entonces, Napoleón había establecido su control sobre Europa Central, Prusia y Rusia, pero necesitaba la ayuda de Dinamarca contra Gran Bretaña y Suecia.

10. La batalla de Mobekk se libró entre el ejército sueco y el noruego durante la guerra danesa-sueca de 1808-1809.

Capítulo 6: Urbanización y cambios sociales en Dinamarca

Desde los primeros asentamientos vikingos, Dinamarca ha sido un país orgullosamente agrícola. Desgraciadamente, tras perder grandes porciones de su territorio y endeudarse a principios del siglo XIX, Dinamarca perdió recursos financieros fundamentales. Para agravar los problemas del país, la población empezó a crecer muy rápidamente, lo cual hizo que hubiera más gente a la que alimentar, emplear y pagar. Este capítulo muestra cómo Dinamarca aprovechó la Revolución Industrial para dar un giro a su economía, construyendo nuevas industrias prósperas y reactivando las anteriores. También conocerá los problemas de la urbanización (el traslado de la población a las ciudades) y los cambios sociales que se generaron durante el periodo.

Preguntas de respuesta múltiple

1. ¿Qué condujo a la urbanización de Dinamarca durante la Revolución Industrial?

    A. Crecimiento demográfico

    B. Falta de trabajo en el campo

    C. Mayor capacidad para vender productos artesanales en las ciudades

    D. Todas las anteriores

2. ¿Cuándo aparecieron las primeras empresas multinacionales en Dinamarca?

    A. Después de 1850

    B. Después de 1900

    C. Después de 1880

    D. Después de 1910

3. ¿Qué supuso para el país y sus ciudadanos el fin de la estructura tradicional de la economía danesa?

    A. El país ya no podía vivir solo de la agricultura

    B. El país tuvo que centrarse aún más en la agricultura

    C. El país tuvo que centrarse en fortalecer su economía

    D. Los campesinos tuvieron que abandonar totalmente la agricultura y trabajar en las ciudades

4. ¿Qué tipo de economía adoptó Dinamarca durante la Revolución Industrial?

    A. Planificada

    B. Orientada al mercado

    C. Centralizada

    D. Mixta

5. ¿Qué otros factores hicieron posible la urbanización, además de las oportunidades de trabajo en las ciudades y pueblos más grandes?

    A. Crecimiento de las infraestructuras de transporte

    B. Nuevos sistemas de telecomunicaciones

    C. Nuevas estrategias empresariales

    D. Otro factor

6. ¿En qué dos clases se dividían las sociedades urbanas?

    A. Empresarios y clase obrera

    B. Clase obrera y comerciantes

    C. Comerciantes y clase media

    D. Clase media y clase obrera

7. ¿Cuál era el principal objetivo de los daneses de clase media?

    A. Ganar y gestionar su propio dinero

    B. Ganar más dinero que la clase trabajadora

    C. Ganar suficiente dinero para gastarlo como quisieran

    D. Vivir una vida sencilla

8. ¿Cuál era la principal diferencia entre las sociedades urbanas de clase media y las de clase obrera?

    A. Los lugares donde vivían

    B. La forma de pasar sus días

    C. El dinero que ganaban

    D. La educación que tenían

9. ¿Cuál fue uno de los principales problemas de la urbanización en Copenhague y otras grandes ciudades danesas?

    A. Falta de trabajo

    B. Falta de higiene

    C. Falta de espacio

    D. Falta de ayuda a los pobres

10. ¿Cómo se desarrollaron las empresas artesanales en las zonas urbanas?

    A. Tuvieron dificultades debido a la falta de demanda

    B. Crecieron muy lentamente

    C. Crecieron rápidamente

    D. Algunas industrias se desarrollaron, mientras que otras desaparecieron

Establezca las correspondencias

1. Empresarios	Trabajadores no cualificados (mal pagados).
2. Comerciantes	Mujeres de clase trabajadora.
3. Funcionarios públicos	Grandes terratenientes en ciudades urbanizadas.
4. Policía	Clase media alta.
5. Amas de casa	Clase media alta.
6. Albañiles	Clase media baja.
7. Empleados del hogar	Trabajadores cualificados (mejor pagados).
8. Profesoras	Élite social.
9. Terratenientes aristócratas	Funcionarios públicos y clase media baja.
10. Médicos	Clase media alta y clase media baja.

Identifique las imágenes

1. ¿Cuál cree que era el propósito de este edificio?

Imagen 51

Respuesta:

_____

_____

_____

_____

_____

2. ¿Qué muestra esta imagen?

Imagen 52

Respuesta:

_____

_____

_____

_____

_____

3. Incluso en las ciudades sin costa, la jardinería era a menudo un trabajo de mujeres. ¿Por qué?

Imagen 53

Respuesta:

_____

_____

_____

_____

_____

4. ¿Qué efecto de la Revolución Industrial se puede ver en esta imagen?

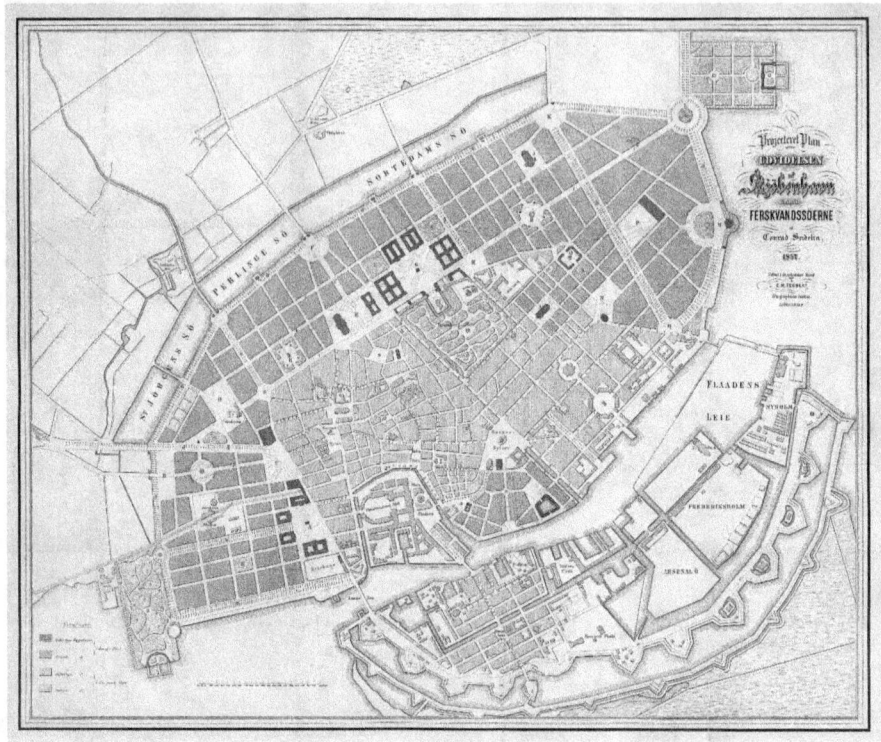

Imagen 54

Respuesta:

_____

_____

_____

_____

_____

5. ¿Qué se ve en esta imagen?

COMPOUND SURFACE CONDENSER WITH AIR AND CIRCULATING PUMPS.

Imagen 55

Respuesta:

_____
_____
_____
_____
_____

6. En la imagen, se muestran los efectos de la industrialización en una industria específica ¿En cuál industria?

Imagen 56

Respuesta: _____

7. ¿Cuál era el propósito de este edificio danés de finales de 1800?

Imagen 57

Respuesta:

_____

_____

_____

_____

_____

8. ¿A qué clase social cree que pertenecía la persona de la fotografía?

Imagen 58

Respuesta: _____

9. ¿Qué valores de clase media puede identificar en esta imagen?

Imagen 59

Respuesta:

_____
_____
_____
_____
_____

10. Esta persona fue un ejemplo de cómo la gente en Dinamarca podía crecer y avanzar, gracias a la educación, durante el periodo de industrialización y urbanización intensa. ¿Quién es?

Imagen 60

Respuesta: _____

Preguntas de respuesta múltiple

1. ¿Qué ciudad danesa llegó a ser conocida como la «Manchester de Dinamarca» debido a su próspera industria textil durante la Revolución Industrial?

    A. Copenhague

    B. Vejle

    C. Brede

    D. Valby

2. ¿Cómo se llamaba el reformista social danés que abogaba por mejorar las condiciones de vida y de trabajo de los obreros industriales?

    A. Orla Lehmann

    B. Peter Rochegune Munch

    C. Carl Theodor Zahle

    D. Jørgen Jørgensen

3. Además de los textiles, ¿qué industria desempeñó un papel crucial en el desarrollo económico de Dinamarca durante la Revolución Industrial?

    A. Construcción naval

    B. Elaboración y producción de alimentos

    C. Papel

    D. Lácteos

4. ¿Qué papel desempeñó la educación en el desarrollo industrial de Dinamarca?

    A. Ninguno

    B. Un pequeño papel

    C. Un papel importante

    D. Desempeñó un papel en algunas industrias

5. ¿Cómo ayudó la monarquía constitucional al crecimiento y la urbanización del país?

    A. Suprimió los privilegios navieros

    B. Garantizó el derecho de propiedad

    C. Estableció la libertad contractual y la libertad de asociación

    D. Todas las anteriores

6. **¿Cómo afrontaron los agricultores daneses la Revolución Industrial?**

> A. Utilizaron las nuevas tecnologías para su beneficio
>
> B. Se resistieron a utilizar las nuevas tecnologías
>
> C. Solo aceptaron algunas de las nuevas tecnologías
>
> D. Querían utilizar las nuevas tecnologías, pero no sabían cómo

7. **¿Quién fue el inventor danés que mejoró drásticamente la industria láctea?**

> A. Ole Johansen Winstrup
>
> B. Wilhelm Hellesen
>
> C. Emil Christian Hansen
>
> D. Lars Christian Nielsen

8. **¿Qué ciudad danesa experimentó el mayor aumento de la producción industrial?**

> A. Aalborg
>
> B. Copenhague
>
> C. Randers
>
> D. Odense

9. **¿Qué motivó el crecimiento de la industrialización?**

> A. Mayor necesidad de exportar
>
> B. Mayor demanda en el mercado danés
>
> C. Impuestos
>
> D. Falta de reformas

10. **¿Qué otro sector creció de la mano del desarrollo de la agricultura a finales del siglo XIX?**

> A. Finanzas
>
> B. Transporte
>
> C. Comercio
>
> D. Todas las anteriores

Verdadero o falso

1. La introducción de maquinaria a vapor revolucionó la agricultura danesa durante el siglo XIX.

   - Verdadero
   - Falso

2. El gobierno danés implementó leyes sobre el trabajo infantil para regular el empleo de niños en las fábricas durante el siglo XIX.

   - Verdadero
   - Falso

3. Dinamarca puso impuestos a la importación cuando los costos de transporte se encarecieron en toda Europa.

   - Verdadero
   - Falso

4. En 1940, había más daneses empleados en la industria que en la agricultura.

   - Verdadero
   - Falso

5. Entre 1870 y 1914, Dinamarca tuvo un crecimiento económico mayor que cualquier otro país europeo.

   - Verdadero
   - Falso

6. La pérdida de los territorios de Schleswig-Holstein contribuyó a la necesidad de industrialización.

   - Verdadero
   - Falso

7. La construcción del ferrocarril aumentó los costos de la industria en Dinamarca.

   - Verdadero
   - Falso

8. El crecimiento industrial y la urbanización fueron procesos fáciles en Dinamarca.

   - Verdadero
   - Falso

9. La prosperidad del sector bancario contribuyó a acelerar la revolución industrial.

   - Verdadero
   - Falso

10. Aalborg fue la primera ciudad danesa en tener una sociedad totalmente industrial y urbana.

   - Verdadero
   - Falso

Respuestas

Preguntas de respuesta múltiple

1. D. Al principio, el crecimiento demográfico era mayor fuera de las zonas urbanas. Mucha gente se trasladó a las ciudades y a los pueblos más grandes porque no encontraba trabajo en las zonas rurales. El mercado laboral era más diverso y había acceso a la educación, por lo que había más trabajos disponibles. Si trabajaban duro, podían ganar salarios más altos que en las zonas rurales. Las ciudades también representaban una gran oportunidad para los comerciantes y artesanos, porque el comercio estaba en auge y podían vender sus productos a precios más altos.

2. C. En Dinamarca, las primeras empresas multinacionales se abrieron después de 1880, cuando la agricultura se industrializó cada vez más y surgieron nuevas empresas industriales en los pueblos y ciudades.

3. A. El cambio en la economía hizo que la gente no ganara suficiente dinero con la agricultura, y el país tuvo que buscar otras formas de generar ingresos. En este punto fue cuando la Revolución Industrial y las nuevas tecnologías llegaron para ayudar, brindando empleos y oportunidades de obtener un salario.

4. B. Dinamarca adoptó una economía orientada al mercado, lo que significaba que las empresas trabajaban para lograr su propio éxito, que se basaba en lo que podían ofrecer en el mercado.

5. A y B. El crecimiento del comercio hizo que fuera necesario movilizar los productos en los mercados donde se vendían. Esto fue posible gracias a la construcción de muchos nuevos ferrocarriles, puertos y carreteras. Las nuevas tecnologías de telecomunicaciones, como el telégrafo y los sistemas postales, también contribuyeron al éxito de este nuevo mercado.

6. D. Las sociedades urbanas de Dinamarca, en rápido crecimiento, se dividieron en una clase media (alta y baja) y la clase obrera.

7. A. Los daneses de clase media consideraban importante ganar y administrar su propio dinero, para gastar solo lo que ganaban. Invertían su dinero en las cosas más importantes y, si les sobraba, eran prudentes.

8. C. No es sorprendente que los daneses de clase media ganaran más dinero que los de la clase obrera. En las clases trabajadoras, a

menudo los hombres y mujeres debían trabajar para poder llevar comida a la mesa. En la clase media, las mujeres solían quedarse en casa como amas de casa.

9. B. A diferencia de muchos otros países europeos, Dinamarca no contaba con un sistema de sanidad bien construido, incluso en el siglo XIX. La población creció tan rápido y tanta gente se trasladó a las ciudades, que se produjeron graves problemas de higiene en las zonas urbanas.

10. D. La urbanización no afectó a todas las empresas artesanales de la misma manera. Algunas, como la construcción, crecieron rápidamente, porque siempre había necesidad de nuevos edificios. Por el contrario, las industrias en las que la mano de obra era fácilmente sustituible por máquinas (sastres, tejedores de cestos, zapateros, etc.) desaparecieron.

¿Sabía que...?

En 1847, se inauguró el primer ferrocarril de Dinamarca, de solo 23 millas de longitud, entre Copenhague y Roskilde. En 1870, casi 540 millas de vías férreas conectaban las grandes ciudades y pueblos. Pronto, se construyeron también ferrocarriles privados, ampliando la red ferroviaria de Dinamarca a más de 2.500 millas en 1910. Después de 1872, los transbordadores ferroviarios ayudaron a la labor del ferrocarril.

Establezca las correspondencias

1. Empresarios - Élite social.

2. Comerciantes - Clase media baja.

3. Funcionarios públicos - Clase media alta y clase media baja.

4. Policía - Funcionarios públicos y clase media baja.

5. Amas de casa - Clase media alta.

6. Albañiles - Trabajadores cualificados (mejor pagados).

7. Empleados del hogar - Trabajadores no cualificados (mal pagados).

8. Profesoras - Mujeres de clase trabajadora.

9. Terratenientes aristócratas - Grandes terratenientes en ciudades urbanizadas.

10. Médicos - Clase media alta.

¿Sabía que...?

La clase media baja incluía a los propietarios de pequeños negocios, que también trabajaban en fábricas o en la agricultura. Si su negocio no tenía éxito, seguían teniendo ingresos por su trabajo, pero si lo tenía, podían abandonar su puesto y ascender a la clase media alta.

Identifique las imágenes

1. Una fábrica textil de Aarhus. Como puede ver, las fábricas eran mucho más pequeñas que las actuales. Sin embargo, durante la Revolución Industrial, Aarhus fue uno de los mayores y más prósperos fabricantes textiles de Dinamarca.

2. Este es un retrato de una mujer trabajando en el campo, en Skagen, en 1904. Situada en el extremo norte, Skagen fue una de las ciudades que experimentó los efectos de la Revolución Industrial mucho más tarde que las ciudades más céntricas y más grandes.

3. Las mujeres de clase trabajadora de las ciudades y los pueblos más grandes ganaban menos que los hombres, y la jardinería era uno de los trabajos que hacían. Las mujeres que no trabajaban debían ocuparse de todo tipo de trabajos en sus casas, incluidos los de jardinería.

4. Crecimiento de las ciudades. Este plan de expansión de Copenhague se creó en 1857, incluso antes de que la Revolución Industrial alcanzara su pleno apogeo. Los dirigentes municipales sabían que cuando la gente se trasladara a la ciudad para trabajar en las nuevas fábricas, necesitarían más espacio para vivir, así que planificaron la expansión.

5. Una pieza de locomotora aparece en un diario ferroviario. A finales del siglo XIX y principios del XX, la industria de la construcción de ferrocarriles estaba adquiriendo tanta fuerza, que la gente se interesaba por todo lo relacionado con ella, incluidas las piezas de locomotoras.

6. La agrícola-ganadera, más concretamente, la producción láctea. La leche llegaba a las fábricas en trenes, en grandes latas selladas. Las latas se colocaban en básculas y se etiquetaban según su peso y el granjero que producía la leche. A continuación, se abrían y se comprobaba la seguridad de la leche antes de envasarla en botellas o transformarla en otros productos lácteos.

7. Era un banco privado. La industria bancaria también se estaba desarrollando rápidamente durante la Revolución Industrial. Además de depositar y entregar dinero, los bancos privados también se ocupaban de las inversiones. Los empresarios más ricos invertían en empresas e industrias de rápido crecimiento, con lo cual ganaban

mucho dinero.

8. Hans Jacob Møller era director de banco, lo que significa que pertenecía a la clase media alta.

9. Obra del famoso pintor danés Peter Ilsted. El retrato muestra la limpieza y la decoración sencilla de los hogares de clase media.

10. Jens Christian Christensen nació en el seno de una familia trabajadora/agricultora de clase baja. Gracias a la educación y al trabajo duro, se convirtió en un político exitoso y, más tarde, en el presidente del Consejo de Dinamarca, un cargo equivalente al actual primer ministro.

¿Sabía que...?

Como resultado de la urbanización, la población de Dinamarca en las ciudades empezó a crecer mucho más rápido que en las zonas rurales. En 1814, solo el 20 % de la población de Dinamarca vivía en zonas urbanas, mientras que el resto vivía en el campo. Un siglo más tarde, casi la mitad de la población vivía y trabajaba en las ciudades y pueblos más grandes. En 1840, la población de Copenhague rondaba los 120.000 habitantes, mientras que en 1911 era de 500.000 (¡casi el 20 % de toda la población de Dinamarca!). Aarhus, la segunda ciudad más grande, solo tenía 52.000 habitantes en 1911, pero también había experimentado un crecimiento respecto a las 4.000 personas que contaba en 1840. En 1911, incluso las ciudades de provincia superaban los 10.000 habitantes.

Elección múltiple

1. B. En 1892, se estableció una planta de hilatura en Vejle, en la costa este de Jutlandia, que utilizaba máquinas de hilar de anillos por primera vez en Dinamarca. Unos años más tarde, se estableció otra planta de hilatura en la misma ciudad y, junto con algunas importantes empresas de tejido de algodón, estableció la reputación de la ciudad como el Manchester danés.

2. A. El estadista Orla Lehmann fue un apasionado defensor de las reformas sociales para mejorar las condiciones de vida y de trabajo de los obreros industriales.

3. B. Además de la fabricación textil, la elaboración y producción de alimentos fue otra industria que desempeñó un papel crucial en el desarrollo económico de Dinamarca durante la Revolución Industrial.

4. C. La educación desempeñó un papel en todas las industrias. La educación obligatoria para los niños se introdujo en 1814, lo que permitió a las nuevas generaciones crecer con mayores conocimientos. Además, en 1844 se introdujo la educación para adultos, lo que significó el punto de partida de un movimiento en el que todas las personas empezaron a tener una mejor educación.

5. D. La implementación de la monarquía constitucional, en 1849, trajo consigo varios beneficios. Se suprimieron los privilegios navieros, que encarecían el transporte fluvial, lo que hizo que el transporte de mercancías y productos estuviera al alcance de más personas. Se estableció la libertad contractual y la libertad de asociación, y se garantizaron los derechos de propiedad.

6. A. Los agricultores utilizaron las nuevas tecnologías para su beneficio. En 1882, empezaron a fundar cooperativas que eran formas más eficientes de trabajar. Las grandes cooperativas lecheras y de envasado de carne producían más que los agricultores individuales. Los compradores y comerciantes se centraban en la calidad y los resultados rápidos, e incluso la exportación se beneficiaba de ello. Por ejemplo, el 30 % de la mantequilla importada en Europa procedía de Dinamarca. En 1914, Dinamarca exportaba el 60 % de sus productos agrícolas.

7. D. Lars Christian Nielsen inventó una centrifugadora de funcionamiento continuo para quitar la nata de la leche, en 1878, en la fábrica de máquinas y herramientas Maglekilde, de Roskilde.

8. B. A partir de la década de 1890, Copenhague registró el mayor aumento de la producción industrial convencional. Algunas de las industrias florecientes de la capital fueron la textil, la siderúrgica y la de la vivienda (esta última porque los trabajadores necesitaban cada vez más espacio para vivir).

9. B. El crecimiento industrial de Dinamarca estuvo motivado principalmente por la demanda de su propio mercado. Las nuevas tecnologías introducidas durante la Revolución Industrial fabricaban productos más convenientes, y los daneses querían más de ellos.

10. D. Las finanzas, el comercio y el transporte fueron sectores de rápido desarrollo tras el inicio de la industrialización agrícola. Los productos tenían que ser transportados a otros lugares y podían venderse más baratos. Esto despertó el interés del sector financiero, que aumentó las inversiones.

¿Sabía que...?

Además de la producción de alimentos, grandes ciudades como Aalborg y Randers también empleaban trabajadores en fábricas de cemento, de papel, de construcción de ferrocarriles y en astilleros. Mientras tanto, en Carlsberg, la ahora famosa fábrica de cerveza Carlsberg tenía científicos trabajando para mejorar el proceso de elaboración de la cerveza. Uno de ellos, Emil Christian Hansen, descubrió que diferentes cepas de levadura producen diversos resultados. Desarrolló este descubrimiento y permitió a los cerveceros obtener la cepa de levadura perfecta para una elaboración específica.

Verdadero o falso

1. Verdadero. Las máquinas a vapor eran más rápidas y fáciles de manejar. También eran más baratas, ya que no dependían de los combustibles fósiles.

2. Verdadero. En la segunda mitad del siglo XIX, Dinamarca aceptó varias leyes sobre el trabajo infantil que ayudaron a los niños trabajadores de las fábricas a obtener mejores condiciones laborales. Por ejemplo, tenían jornadas laborales más cortas y los trabajos que hacían no podían ser perjudiciales para su salud.

3. Falso. Dinamarca se negó a aplicar impuestos, incluso cuando los costos de transporte eran tan bajos que resultaba barato importar grano extranjero. En su lugar, los granjeros empezaron a exportar productos animales, como huevos, tocino y mantequilla. Después de todo, tenían suficiente grano para alimentar a los animales y producir estos artículos, por lo que exportarlos era una forma fácil de aumentar sus beneficios sin impuestos.

4. Falso. La agricultura tuvo más trabajadores que las industrias tecnológicas hasta después de la Segunda Guerra Mundial.

5. Verdadero. Aunque fue lenta al principio, la industrialización de Dinamarca se aceleró después de 1870, lo que permitió al país crecer más rápidamente que cualquier otro de Europa.

6. Verdadero. El Ducado de Schleswig-Holstein era un importante productor de grano para Dinamarca. La pérdida de este territorio (junto con Noruega) significó que Dinamarca tenía que producir, procesar y transportar todos los cereales dentro de sus nuevos confines.

7. Falso. Más ferrocarriles significaban un transporte más rápido, lo que redujo los costos de todas las industrias que requerían transportar las mercancías más lejos.

8. Falso. La industrialización y la urbanización supusieron cambios importantes para la Dinamarca agrícola. En varias ocasiones, el crecimiento se hizo más lento, o incluso se detuvo. Afortunadamente, lo que se perdió durante este periodo, se recuperó con la siguiente fase de crecimiento, que fue más rápida que la anterior.

9. Verdadero. La industrialización de Dinamarca se aceleró a medida que evolucionaban las nuevas tecnologías y los empresarios podían reunir capital en el banco.

10. Falso. Copenhague fue la primera ciudad danesa en convertirse en una sociedad urbana industrial, en el siglo XIX. La ciudad contaba con el mayor número de fábricas y asentamientos para trabajadores industriales.

¿Sabía que...?

El estrato más rico de la clase media vivía en grandes casas, cerca de los límites de la ciudad. Sus casas tenían muebles de buena calidad y alfombras. Les gustaba mantener sus casas limpias y respetarse mutuamente. Mantener estos valores era importante para ellos, porque los separaban de las clases más bajas.

Por el contrario, la clase trabajadora vivía en apartamentos de uno o dos dormitorios, donde una familia de hasta seis personas debía compartir un baño, ubicado en el patio trasero. En Copenhague, donde la mayoría de la gente vivía en un espacio reducido, no era raro que la gente viviera en minúsculos monoambientes o en sótanos. Los más desafortunados vivían en las casas de vecindad empobrecidas, donde habitaban tantas personas, que no podían hacer otra cosa que dormir y entrar y salir de casa.

Capítulo 7: Los problemas de las guerras mundiales: la neutralidad danesa puesta a prueba

Cuando el mundo se vio sacudido por dos guerras, la vida en Dinamarca cambió drásticamente. Durante la Primera Guerra Mundial, Dinamarca se mantuvo neutral, pero pagó un precio enorme. Luego, llegó la ocupación alemana, que destruyó la ya complicada economía danesa. Este capítulo plantea preguntas sobre el impacto de la escasez en tiempos de guerra en la sociedad danesa, la ocupación alemana de Dinamarca, los esfuerzos de resistencia y mucho más.

Preguntas de respuesta múltiple

1. ¿Por qué se vio amenazada la neutralidad de Dinamarca durante la Primera Guerra Mundial?

   A. Debido a su posición

   B. Debido a su tamaño

   C. Debido a su cercanía con Alemania

   D. Debido a sus conflictos pasados con Gran Bretaña

2. ¿Cuál fue la mayor batalla naval librada en la Primera Guerra Mundial y por qué amenazó la neutralidad de Dinamarca?

   A. Batalla de Heligoland Bight

   B. Batalla de Jutlandia

   C. Batalla del Banco Dogger

   D. Primera batalla del Marne

3. ¿Cómo influyeron los países beligerantes en la neutralidad de Dinamarca durante la Primera Guerra Mundial?

   A. Ejercieron menos presión de la esperada

   B. No se acercaron a las aguas de Dinamarca

   C. Se subestimaron mutuamente

   D. Querían resolver el conflicto rápidamente

4. ¿Cuál fue el único periodo en el que la guerra se acercó a territorios daneses?

   A. Cuando los barcos británicos quisieron entrar en la zona danesa del mar Báltico

   B. Cuando Alemania inició la guerra submarina

   C. Cuando los rusos perseguían a los alemanes cerca de aguas danesas

   D. Ninguna de las anteriores

5. ¿Por qué el conflicto bélico entre Alemania y el Reino Unido fue tan perjudicial para la economía danesa?

   A. Eran los principales mercados de exportación de Dinamarca

   B. Tenían acceso a rutas comerciales útiles

   C. Querían apoderarse de Dinamarca y robar sus suministros

   D. No podían proporcionar a Dinamarca metales, carbón y otros recursos que necesitaba

6. ¿Cuál fue el resultado más perjudicial del cese del comercio con Gran Bretaña y Alemania?

   A. Pérdida de barcos en el mar

   B. Escasez de mercancías

   C. Sobreproducción de productos animales

   D. Menor inflación

7. ¿Cómo se aprovecharon algunas personas de la escasez de alimentos?

   A. Anunciaban falsas oportunidades comerciales

   B. Fingían ayudar a otros, pero se quedaban con su dinero

   C. Vendían productos a precios más altos

   D. Vendían productos baratos con orígenes sospechosos

8. ¿Cuál fue el resultado de la inflación durante la Primera Guerra Mundial?

   A. Aumento del costo de la vida

   B. Aumento de los precios de alquiler

   C. Ingresos demasiado bajos para las personas con ingresos fijos

   D. Todas las anteriores

9. ¿Cuándo empezó el Estado a ayudar a las personas que sufrían los efectos de la inflación y el cese del comercio?

   A. Durante el tercer año de la guerra

   B. Durante el primer año de la guerra

   C. Durante el segundo año de la guerra

   D. Al final de la guerra

10. ¿Cómo reaccionó la opinión pública ante la primera decisión de la Comisión Extraordinaria?

   A. Todos estaban contentos con la decisión

   B. Nadie estaba contento con la decisión

   C. Los pequeños agricultores y los compradores se mostraron satisfechos con la decisión

   D. Solo los grandes productores estaban contentos con la decisión

Identifique las imágenes

1. ¿Quién aparece en la imagen?

Imagen 61

Respuesta: _____

2. Identifique el edificio que se ve en la imagen.

Imagen 62

Respuesta: _____

3. ¿Quién aparece en esta imagen?

Imagen 63

Respuesta:

_____

_____

_____

_____

_____

4. ¿Qué se ve en esta imagen?

Imagen 64

Respuesta:

_____

_____

_____

_____

_____

5. El acontecimiento ilustrado en la imagen tuvo un papel importante en la capitulación de Dinamarca ante el avance alemán. ¿Cuál fue?

Imagen 65

Respuesta:

_____

_____

_____

_____

_____

6. ¿Cuál es el nombre del territorio danés situado arriba de la línea negra?

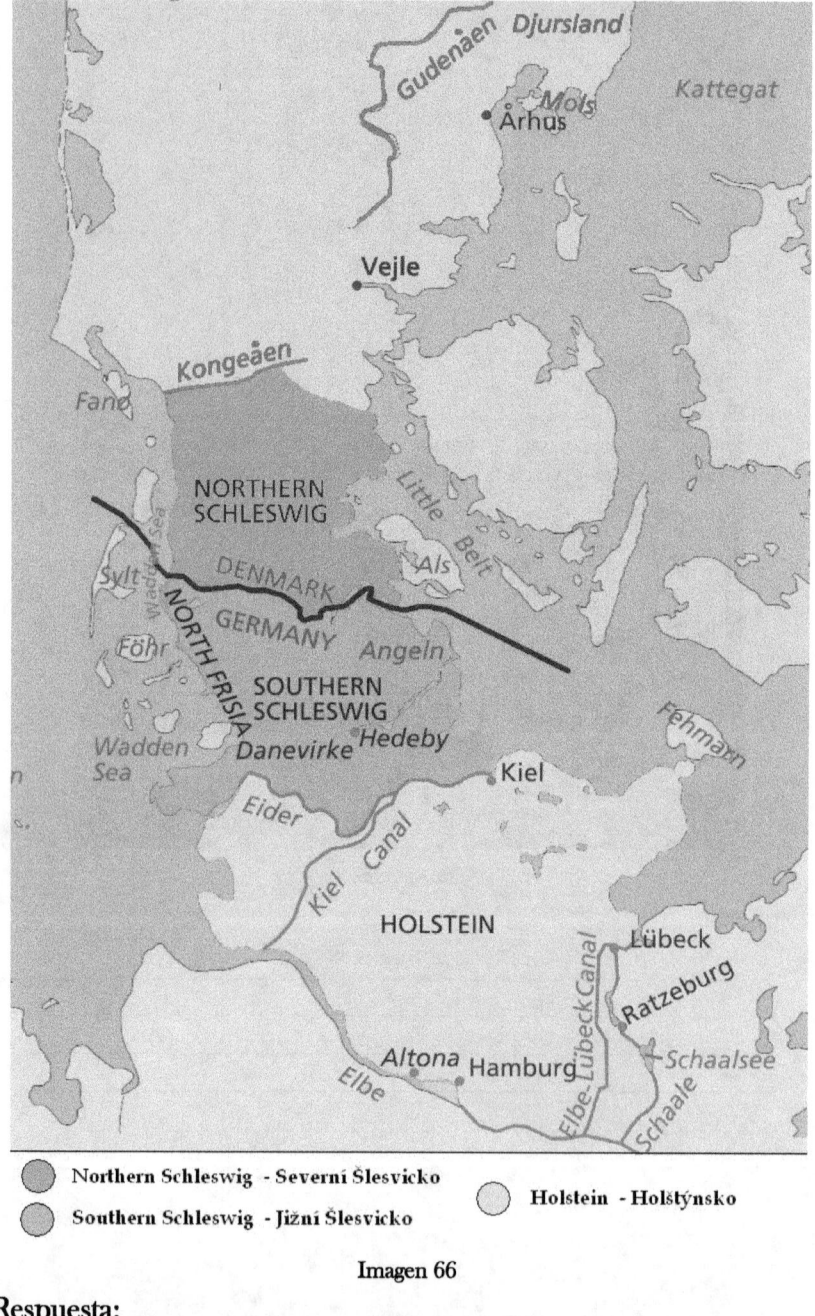

Imagen 66

Respuesta: _____

7. ¿Qué se ve en la imagen?

Imagen 67

Respuesta: _____

8. ¿Cómo se llama este barco?

Imagen 68

Respuesta: _____

9. ¿En honor a quién se hizo esta placa?

Imagen 69

Respuesta:
_____
_____
_____
_____
_____

10. ¿Qué antiguo territorio danés aparece en la imagen?

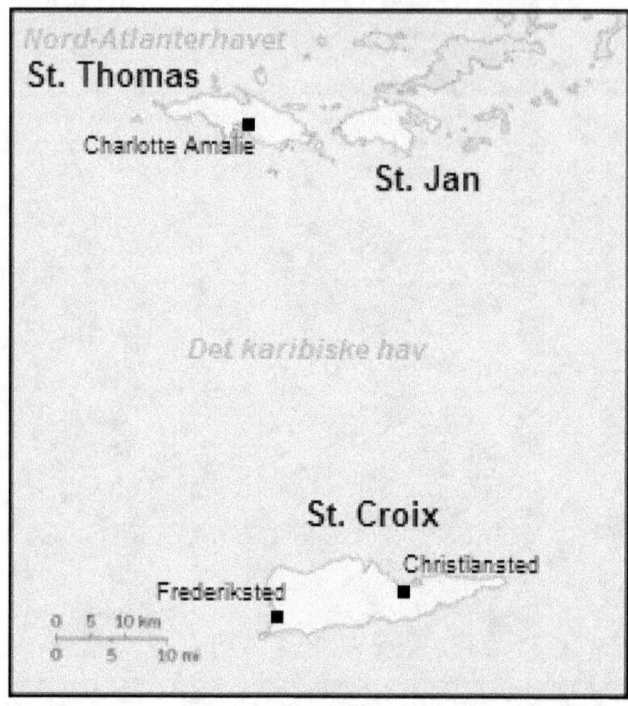

Imagen 70

Respuesta: _____

Rellene los espacios en blanco

1. Los trabajadores descontentos buscaron ayuda uniéndose a ....

2. El 7 de agosto de 1914, el parlamento danés aprobó las ...., que permitían al ministro del interior regular los precios de los alimentos y el comercio con otros países.

3. El Venstre fue un .... contra la ....

4. El racionamiento de alimentos se introdujo cuando la escasez se hizo mayor, en ....

5. Según los socialistas liberales, el racionamiento debía ser el punto de partida para una distribución más equitativa de ...., mientras que el Venstre opinaba que debía .... tras la guerra.

6. Al final de la guerra, las organizaciones campesinas, antes más fuertes, se enfrentaron a una ...., dispuesta a defender sus salarios y a luchar por ....

7. Para que la inflación se notara menos, los trabajadores consiguieron triplicar los salarios, pero los empresarios a menudo tomaron represalia, ...

8. Durante los últimos años de la Primera Guerra Mundial, el Estado danés intentó gestionar sus finanzas a través de ....

9. Incluso durante la Primera Guerra Mundial, la neutralidad se inclinó en dirección a ....

10. La fortaleza de Tune (una serie de fortificaciones desde la bahía de Køge hasta el fiordo de Roskilde, custodiadas por 50.000 soldados) se creó para ....

Verdadero o falso

1. Los trabajadores daneses tenían jornadas laborales de ocho horas antes de la Primera Guerra Mundial.

   • Verdadero

   • Falso

2. El Estado danés no pagó fuerzas de seguridad adicionales para evitar que la gente fuera estafada.

   • Verdadero

   • Falso

3. Las enfermedades causadas por la pobreza solo afectaban a los niños y a los ancianos.

   • Verdadero

   • Falso

4. Los estados utilizaron préstamos para invertir en la producción.

   • Verdadero

   • Falso

5. Los inversores compraron grandes cantidades de productos para exportar a la región del Báltico y pudieron venderlos a buenos precios.

   • Verdadero

   • Falso

6. La recesión internacional de 1920 perjudicó aún más a la economía danesa.

   • Verdadero

   • Falso

7. La semana laboral danesa durante y después de la Primera Guerra Mundial era de cuarenta horas.

   • Verdadero

   • Falso

8. En la Segunda Guerra Mundial, Dinamarca había renunciado a ser neutral.

- Verdadero
- Falso

9. La ocupación alemana de Dinamarca duró cinco años.

- Verdadero
- Falso

10. Cuando el Consejo de la Libertad inició sus esfuerzos de resistencia, Dinamarca estaba en guerra con Alemania.

- Verdadero
- Falso

Preguntas para reflexionar

1. ¿Por qué optó Dinamarca por permanecer neutral durante la Primera Guerra Mundial y cómo afectó esta decisión al país?

_____

_____

_____

_____

_____

2. ¿Cómo se llamaba el acuerdo de crisis que ayudó a estabilizar la economía de Dinamarca entre las dos guerras mundiales?

_____

_____

_____

_____

_____

3. ¿Cuál fue el único ataque aéreo que amenazó la neutralidad de Dinamarca durante la Primera Guerra Mundial?

_____

_____

_____

_____

_____

4. ¿Cuál fue una acción naval alemana que perjudicó la neutralidad y la economía danesa?

_____

_____

_____

_____

5. Durante la Primera Guerra Mundial, algunos soldados daneses lucharon bajo el mando alemán, a pesar de la neutralidad del país. ¿Por qué?

_____

_____

_____

_____

_____

6. ¿Cómo controlaban los alemanes la economía y el gobierno de Dinamarca, incluso antes de la ocupación?

_____

_____

_____

_____

_____

7. ¿Cómo cambió la vida de los ciudadanos daneses durante la Segunda Guerra Mundial bajo la ocupación alemana? ¿Cuáles fueron algunas de las formas de resistencia?

_____

_____

_____

_____

_____

8. Nombre a algunos valientes líderes de la resistencia danesa contra los alemanes ¿Qué hicieron para resistir?

_____

_____

_____

_____

_____

9. ¿Cómo ayudaron los periódicos clandestinos y las operaciones secretas al movimiento de resistencia danés durante la guerra?

_____

_____

_____

_____

_____

10. ¿Cuáles fueron algunos de los momentos importantes que condujeron a la libertad de Dinamarca del dominio alemán? ¿Cómo lo celebraron los daneses?

_____

_____

_____

_____

_____

Respuestas

Preguntas de respuesta múltiple

1. A. Debido a su posición, Dinamarca controlaba gran parte de las aguas del Báltico. Ambos bandos (las potencias centrales y las potencias de la entente) sospechaban que el otro querría utilizar Dinamarca para bloquear la entrada al mar Báltico. Queriendo evitarlo, ambos presionaron a Dinamarca para que se uniera a su respectivo bando.

2. B. La batalla de Jutlandia fue la mayor batalla naval de la Primera Guerra Mundial. Amenazó la neutralidad danesa porque se libró en sus aguas. Se temía que, al estar tan cerca de la guerra, Dinamarca se viera arrastrada a participar.

3. C. Los dos bandos enfrentados se subestimaron enormemente. Cada uno pensó que podía derrotar al otro rápidamente, tras una o dos batallas. En lugar de eso, la guerra se alargó y continuó en territorios alejados de Dinamarca.

4. B. En 1917, Alemania inició una guerra submarina por sorpresa, que se acercó a los territorios marítimos de Dinamarca.

5. A. Hasta la Primera Guerra Mundial, el 30 % de los productos animales daneses se exportaban a Alemania, y hasta el 60 % al Reino Unido. Como este acuerdo era beneficioso para los países beligerantes (que necesitaban alimentar a sus ejércitos) acordaron mantener las exportaciones habituales durante los dos primeros años. Alemania estaba contenta de proporcionar a cambio alimentos para animales, a cambio de obtener productos animales de Dinamarca. Sin embargo, cuando los alemanes comenzaron su guerra submarina, los barcos daneses empezaron a quedar atrapados en el fuego cruzado y el comercio entre Dinamarca y Gran Bretaña se hizo imposible.

6. B. El difícil comercio con los países en guerra provocó una escasez de bienes, especialmente en la agricultura. Los alimentos para animales empezaron a escasear, lo que significaba que se producían menos alimentos para las personas. No había suficiente carbón para que la gente se calentara, cocinara o utilizara en las fábricas para mantener la producción.

7. D. Algunas personas vieron la oportunidad de obtener beneficios vendiendo productos enlatados baratos (especialmente carne) de

origen sospechoso a quienes no podían pagar el precio elevado de los productos normales. Bautizados como «barones del *gulasch*», muchas de estas personas se aprovecharon de los soldados hambrientos, que no tenían acceso a ningún recurso alimenticio, y estaban más que contentos de conseguir cualquier cosa para comer.

8. D. Durante la inflación, el dinero sirve para comprar menos cosas. Esto le ocurrió a los trabajadores que tenían ingresos fijos. Ganaban lo mismo que antes de la guerra, pero podían comprar menos (algunos ni siquiera podían alquilar o comprar artículos de primera necesidad, como comida, ropa, carbón, etc.).

9. B. El Estado empezó a ayudar a la gente durante el primer año de la guerra, cuando la economía danesa empezó a sentir los efectos reales.

10. C. La primera decisión de la Comisión Extraordinaria fue regular el precio del centeno. Los compradores (especialmente trabajadores de clase baja de las zonas urbanas) estaban muy contentos con esto. Los pequeños productores no se vieron demasiado afectados, por lo cual también estaban contentos, pero los grandes productores no tanto, porque suponía una mayor pérdida para ellos.

Identifique las imágenes

1. Un «barón del *gulasch*» hablando con un muerto de hambre. Estos «barones» eran fácilmente reconocibles, porque estaban bien alimentados, llevaban ropa llamativa y sombreros de copa. A menudo paseaban con un puro encendido en la mano.

2. Parte del hospital de epidemias, Øresundshospitalet. Hospitales como este desempeñaron un papel crucial durante los brotes de enfermedades, a medida que aumentaba la pobreza, al final y después de la Primera Guerra Mundial. Uno de los brotes más importantes fue el de la gripe española, que llegó a Dinamarca desde Francia, pero que procedía de los soldados estadounidenses enviados para reforzar las fuerzas aliadas.

3. Estos caballeros, aparentemente ricos, fueron los líderes del Venstre antes y durante la Primera Guerra Mundial.

4. Un brazalete del uniforme de los miembros del Cuerpo Libre de Dinamarca (los soldados voluntarios daneses fueron enviados a luchar en el frente oriental junto al ejército alemán).

5. La firma del Pacto Molotov-Ribbentrop, el tratado de paz entre Alemania y la Unión Soviética, hizo que los dirigentes daneses confiaran en firmar un acuerdo de no agresión similar con Alemania, tras lo cual los alemanes ocuparon Dinamarca.

6. Sur de Jutlandia. Aquí, el ejército danés «resistió» a las tropas alemanas durante muy poco tiempo antes de rendirse.

7. La estructura del centro de la imagen forma parte del Tunestillingen, la instalación de defensa establecida en Jutlandia para defenderse de los enemigos durante la Primera Guerra Mundial.

8. HMS Furious, el buque británico que transportó los aviones de combate para la incursión de Tondern.

9. En honor a la iglesia que sirvió como hospital para los soldados daneses tras la batalla de Braine, en Francia.

10. Las islas de San Juan, Santa Cruz y Santo Tomás también se conocen como las Antillas danesas. En 1917, Dinamarca vendió las islas a los Estados Unidos de América, ya que eran otra fuente de pérdidas financieras.

Rellene los espacios en blanco

1. Los trabajadores descontentos buscaron ayuda uniéndose a sindicatos.

2. El 7 de agosto de 1914, el parlamento danés aprobó las Leyes de Agosto, que permitían al ministro del interior regular los precios de los alimentos y el comercio con otros países.

3. El Venstre fue un movimiento campesino contra la nobleza hereditaria.

4. El racionamiento de alimentos se introdujo cuando la escasez se hizo mayor, en el último año de la Primera Guerra Mundial.

5. Según los socialistas liberales, el racionamiento debía ser el punto de partida para una distribución más equitativa de la riqueza, mientras que el Venstre opinaba que debía suprimirse tras la guerra.

6. Al final de la guerra, las organizaciones campesinas, antes más fuertes, se enfrentaron a una poderosa clase obrera, dispuesta a defender sus salarios y a luchar por mejores condiciones de vida.

7. Para que la inflación se notara menos, los trabajadores consiguieron triplicar los salarios, pero los empresarios a menudo tomaron represalias, ofreciendo condiciones de trabajo injustas o inseguras.

8. Durante los últimos años de la Primera Guerra Mundial, el Estado danés intentó gestionar sus finanzas a través de grandes préstamos.

9. Incluso durante la Primera Guerra Mundial, la neutralidad se inclinó en dirección a Alemania.

10. La fortaleza de Tune (una serie de fortificaciones desde la bahía de Køge hasta el fiordo de Roskilde, custodiadas por 50.000 soldados) se creó para proteger la capital.

¿Sabía que...?

A pesar de su neutralidad, el gobierno danés aceptó ayudar a los alemanes durante la Primera Guerra Mundial, colocando minas navales en aguas danesas contra una flota británica que se aproximaba.

Verdadero o falso

1. Falso. Los trabajadores daneses tenían jornadas laborales mucho más largas antes de la Primera Guerra Mundial, y se alargaron aún más durante la guerra. Solo después de la guerra, los empresarios atendieron las demandas de los trabajadores de reducir la jornada laboral.

2. Falso. El Estado danés pagó mucho dinero por fuerzas de seguridad adicionales que impidieron que la gente fuera estafada. Esto impactó aún más a la economía, ya de por sí en apuros.

3. Falso. Muchas personas en edad de trabajar también se vieron afectadas, lo que significaba que cuando enfermaban o morían, sus familias perdían su apoyo financiero. Además, cuanta menos gente trabajaba, más sufría la economía y las principales industrias.

4. Verdadero. La producción en muchas industrias prácticamente se detuvo y los almacenes estaban casi vacíos. El Estado creía que, invirtiendo en la producción, fortalecería la economía.

5. Verdadero. Los inversores compraron los productos para venderlos a precios mucho más altos después de la guerra, pero los precios que fijaron eran demasiado altos. La gente de la región del Báltico no podía comprar estos productos, así que los inversores tuvieron que venderlos a precios más bajos.

6. Verdadero. En 1920, Dinamarca estaba endeudada; la corona danesa perdía valor y exportaba muy poco. Cuando llegó la recesión internacional, el mercado alemán se hundió, lo que provocó una tasa de pobreza aún mayor.

7. Falso. Incluso después de la introducción de la jornada laboral de ocho horas, los trabajadores daneses tenían semanas laborales de 48 horas, porque trabajaban regularmente los sábados. También se les pedía que hicieran horas extra, que rara vez les pagaban.

8. Falso. Tras el estallido de la Segunda Guerra Mundial, Dinamarca quería permanecer neutral. Sin embargo, al ver avanzar a los alemanes, quedó claro que no podría resistir mucho tiempo.

9. Verdadero. La ocupación alemana de Dinamarca sucedió el 9 de abril de 1940 y duró hasta el 5 de mayo de 1945.

10. Verdadero. Cuando el Consejo de la Libertad inició sus esfuerzos de resistencia, en 1943, provocó conflictos con los ocupantes alemanes. A medida que aumentaba el número y la intensidad de los conflictos, se convirtió en una guerra dentro de la guerra.

¿Sabía que...?

En 1913, los sindicatos que trabajaban bajo la Federación Danesa de Sindicatos contaban con 107.000 afiliados. En 1919, esta cifra ascendió a 255.000. Esto no fue una coincidencia; los sindicatos proporcionaron mucho apoyo durante y después de la guerra.

Preguntas para reflexionar

1. Dinamarca optó por permanecer neutral durante la Primera Guerra Mundial porque quería seguir siendo independiente. Los dirigentes daneses temían que, si el país se unía a la guerra y acababa en el bando perdedor, fuera ocupado por el vencedor y perdiera su independencia. En última instancia, fue la decisión correcta, porque al permanecer neutral, Dinamarca mantuvo su independencia.

2. El Acuerdo Kanslergade, de 1933, determinó que los salarios de los trabajadores seguirían siendo los mismos, pero la corona danesa valdría un 10 % más, lo que significaba que los trabajadores podrían comprar más con su dinero. Se redujeron los impuestos sobre la propiedad de los agricultores, que también pudieron exportar y pagar a sus trabajadores lo mismo que antes, pero empleando a trabajadores más satisfechos, que podían mantener a sus familias. Además, el acuerdo contenía nuevas normas para la gestión de las deudas y la compra de carne vacuna a los granjeros. Los trabajadores también se beneficiaron, al obtener nuevas viviendas y otras ayudas en el sector público (educación, sanidad, ayudas sociales, etc.).

3. La incursión de Tondern fue un ataque a la base alemana de Tonder (actualmente una ciudad de Noruega), en la región báltica de Jutlandia. La Royal Navy británica y la Fuerza Aérea Real destruyeron la base durante la incursión.

4. El minado de las aguas danesas. Además de utilizar submarinos contra la flota británica, los alemanes colocaron minas submarinas en aguas danesas para sorprender a los barcos británicos que se acercaran. El problema era que también hundían barcos comerciales daneses.

5. La actual región de Jutlandia meridional incluía la provincia de Schleswig-Holstein, que estaba bajo dominio prusiano durante la Primera Guerra Mundial. Sin embargo, como la zona había pertenecido anteriormente a Dinamarca, la mayoría de su población era danesa. Así fue como 30.000 soldados daneses lucharon con el bando alemán durante la guerra.

6. Los alemanes presionaron a los dirigentes socialdemócratas daneses para que apoyaran la agricultura y la industria, en lugar de dar mejores salarios a los trabajadores. Se trataba de un intento de controlar al movimiento obrero, vinculado a las fuerzas comunistas.

7. La ocupación alemana significó que Dinamarca ya no podía exportar a uno de sus principales «clientes», el Reino Unido. Sin lugar a donde enviar todos los productos animales que fabricaba, la agricultura danesa se resintió, al igual que muchas industrias relacionadas (transporte, comercio, etc.). Algunas de las empresas cerraron, ya que no podían soportar otro golpe después de las pérdidas de la Primera Guerra Mundial. Aunque los alemanes compraron algunos de los productos agrícolas e incluso proporcionaron carbón y otros artículos a cambio, no fue suficiente. Al igual que durante la Primera Guerra Mundial, los daneses sufrieron por la escasez de alimentos y viviendas, la polarización social (eran muy pobres o muy ricos), la inflación, las enfermedades relacionadas con la pobreza y mucho más. Cuando ni siquiera el gobierno pudo ayudar más, el movimiento de resistencia tomó el relevo, saboteando las bases militares alemanas y las empresas danesas que producían suministros para los alemanes.

8. **Marius Fiil** era el posadero de la posada Hvidsten y miembro del grupo Hvidsten, uno de los mayores y más famosos grupos de resistencia daneses. Él y su familia ayudaron al ejecutivo de

operaciones especiales británico a introducir clandestinamente paracaídas, armas y otros suministros en el país y distribuirlos entre los grupos de resistencia. **Jørgen Kieler**, médico y miembro del grupo de resistencia Holger Danske, ayudó a cientos de judíos a escapar de los nazis y llegar a Suecia sanos y salvos. **Børge Bak**, científico y profesor de la Universidad de Copenhague, se convirtió en bombero voluntario, lo que le servía como cubierta para recoger documentos secretos de los territorios y edificios alemanes bombardeados.

9. Al principio, periódicos como el *Land of Folk* (*Tierra y Pueblo*), dirigido por los antiguos y ahora ocultos miembros del Partido Comunista Danés, fueron cruciales para organizar el movimiento de resistencia clandestino. Junto con otras organizaciones secretas, los periódicos ayudaron a planificar y compartir actos de sabotaje, enviar informes a los británicos, pedirles armas, etc.

10. Tras la muerte de Adolf Hitler, en abril de 1945, las tropas soviéticas ocuparon Berlín y, a principios de mayo, las fuerzas nazis del Báltico se habían rendido. Como el destino de la guerra se decidía en otro lugar, los daneses se enteraron de su libertad cuando se anunció por la radio. Lo primero que hicieron fue quitar las ropas negras de las ventanas (se utilizaban como persianas durante los bombardeos), sacarlas a la calle y quemarlas todas.

¿Sabía que...?

Después de quemar ropas negras el día de su liberación, los daneses continuaron esta tradición de celebración encendiendo velas ese mismo día. Incluso hoy, más de ocho décadas después, cada 4 de mayo encienden una vela, como recuerdo de los cinco largos años que el país pasó en la oscuridad.

Capítulo 8: La Segunda Guerra Mundial: la resistencia y la recuperación de Dinamarca

Cuando los alemanes llegaron a las fronteras de Dinamarca, los daneses ya sabían que les resultaría mejor rendirse voluntariamente. Se les prometió apoyo y la oportunidad de mantener su neutralidad, pero no obtuvieron nada de eso. Así que empezaron a resistir, liderando un fuerte movimiento que sorprendió incluso a las poderosas fuerzas nazis. Esta es la oportunidad de conocer más sobre los combatientes y las redes de la resistencia danesa.

Establezca las correspondencias

Establezca las correspondencias entre las figuras clave del movimiento de resistencia danés y sus contribuciones en la lucha contra los alemanes.

1. Mogens Ludolf Fog	Líder de Eigil, un subgrupo del Holger Danske. Conocido por capturar a colaboradores alemanes.
2. Monica Wichfeld	Marinero danés de origen canadiense, utilizó sus habilidades en la navegación para llevar armas a los grupos de resistencia.
3. Ellen Christensen	Miembro y comandante paracaidista del Consejo de la Libertad. Conocido por sabotear puentes, ferrocarriles, fábricas y bases militares alemanas en Dinamarca.
4. Povl Falk-Jensen	A menudo llamado Flammen (en llamas), por su pelo rojo brillante. Junto con Citronen, formaron el dúo de resistencia más famoso de Dinamarca.
5. Knud Pedersen	Médico y miembro del Consejo Danés de la Libertad. Fundó el *Frit Danmark*, periódico de la resistencia.
6. Kim Malthe-Bruun	Recaudó fondos para imprimir los periódicos clandestinos y almacenó explosivos, armas de fuego y municiones para los miembros de la resistencia.
7. Ole Lippmann	Conocido con el pseudónimo de Citronen. Participó en el bombardeo contra el Forum Copenhague.

8. Jørgen Haagen Schmith	Hija de Knud Mogensen, periodista que colaboró en varias revistas de la resistencia juvenil en 1942 y 1943.
9. Bent Faurschou Hviid	Artista, líder de la resistencia y fundador del Club Churchill (cuando tenía 17 años).
10. Lone Maslocha	Enfermera del hospital de Bispebjerg, donde distribuía periódicos clandestinos. También escondió a judíos daneses hasta que pudieron ser transportados de forma segura a Suecia.

Identifique las imágenes

1. ¿Puede adivinar quién construyó este vehículo?

Imagen 71

Respuesta: _____

2. Identifique a esta persona.

Imagen 72

Respuesta: _____

3. ¿Puede identificar la batalla que se muestra esta fotografía?

Imagen 73

Respuesta:

_____

_____

_____

_____

_____

4. ¿A qué grupo importante de la resistencia pertenecían estos daneses?

Imagen 74

Respuesta: _____

5. Personas tan jóvenes en edad escolar eran miembros de la resistencia. ¿A qué grupo pertenecían estos chicos?

Imagen 75

Respuesta: _____

6. ¿Quién aparece en esta fotografía?

Imagen 76

Respuesta: _____

7. ¿Éste era el logotipo de qué partido relacionado con la resistencia?

Imagen 77

Respuesta: _____

8. Este era el signo distintivo de qué organización.

Imagen 78

Respuesta: _____

9. ¿Qué se ve en esta fotografía?

Imagen 79

Respuesta:

_____

_____

_____

_____

_____

10. Tras la liberación, Dinamarca se llenó de celebraciones, pero también de acontecimientos como este. ¿De qué acontecimiento se trata?

Imagen 80

Respuesta:

_____
_____
_____
_____
_____

Verdadero o falso

1. En 1943, la red subterránea puso a salvo a 8.000 personas.

- Verdadero
- Falso

2. Se organizó el rescate de los judíos.

- Verdadero
- Falso

3. Los miembros de la resistencia tenían vigías en los puertos para ver cuándo era seguro pasar.

- Verdadero
- Falso

4. La ocupación tomó represalias contra el movimiento de resistencia.

- Verdadero
- Falso

5. En 1945, el grupo de resistencia se preparaba para retomar el mando por la fuerza.

- Verdadero
- Falso

6. Tras la guerra, los socialdemócratas corrían el riesgo de perder el liderazgo.

- Verdadero
- Falso

7. En 1943, las huelgas y los sabotajes provocaron el fin de la cooperación entre la administración alemana y el gobierno danés.

- Verdadero
- Falso

8. A finales de 1943, las autoridades alemanas desarmaron al ejército y a la marina danesa.

- Verdadero
- Falso

9. La policía danesa permaneció en el lugar durante la ocupación.

- Verdadero
- Falso

10. El movimiento de resistencia se hizo tan fuerte que los alemanes tuvieron que recurrir a la Gestapo para combatirlo.

- Verdadero
- Falso

Rellene los espacios en blanco

1. Incluso antes de la Segunda Guerra Mundial, el gobierno danés pidió a la prensa que dejara de criticar a Alemania y al nazismo para ....

2. A mediados de abril de 1940, los oficiales de inteligencia del ejército danés, conocidos como ...., informaban a los aliados de Londres.

3. Cuando Alemania ofreció a Dinamarca un pacto recíproco de no agresión, en ...., la mayoría de los partidos políticos daneses aceptaron firmarlo.

4. La invasión alemana de Dinamarca, en abril de 1940, formaba parte de una estrategia para ....

5. Inicialmente, los alemanes aceptaron que Dinamarca siguiera siendo un ....

6. Con el paso del tiempo, los .... restantes colaboraron cada vez más con los alemanes.

7. Tras sus victorias en Bélgica, Holanda, Luxemburgo y Francia, en ...., los alemanes empezaron a hacer cambios en el gobierno danés.

8. El nuevo jefe de gobierno, Erik Scavenius, animó a los daneses a trabajar para .... y colaborar con ....

9. Por «consejo» de Alemania, se prohibió el ....

10. En 1941, Dinamarca se unió al Pacto Anti-Comintern, una famosa ....

Preguntas para reflexionar

1. ¿Cuáles fueron algunas de las formas de resistencia de los ciudadanos daneses a la ocupación alemana durante la Segunda Guerra Mundial?

_____

_____

_____

_____

_____

2. ¿Cómo utilizó la resistencia danesa el sabotaje y las operaciones encubiertas para perturbar las actividades alemanas?

_____

_____

_____

_____

_____

3. Describa el papel de los periódicos clandestinos y las redes de comunicación en la difusión de información y la coordinación de los esfuerzos de la resistencia.

_____

_____

_____

_____

_____

4. ¿Cuáles fueron los retos a los que se enfrentaron los resistentes daneses y cómo los superaron?

_____

_____

_____

_____

_____

5. ¿De quién obtuvieron ayuda los miembros de la resistencia para sus operaciones?

_____

_____

_____

_____

_____

6. ¿Cuáles eran los símbolos más odiados de la opresión nazi?

_____

_____

_____

_____

7. ¿Cuáles fueron algunos de los beneficios de la ocupación alemana?

_____

_____

_____

_____

8. ¿Cuáles fueron algunos de los dilemas a los que se enfrentaron quienes colaboraron con los alemanes?

_____

_____

_____

_____

_____

9. Los esfuerzos de los grupos de resistencia estaban arraigados en valores diferentes. ¿Cuáles eran?

_____

_____

_____

_____

_____

10. La cooperación con los alemanes ayudó a controlar la economía, pero el pueblo seguía sin estar satisfecho. ¿Por qué?

_____

_____

_____

_____

_____

Respuestas

Establezca las correspondencias

1. Mogens Ludolf Fog - Médico y miembro del Consejo Danés de la Libertad. Fundó el *Frit Danmark*, periódico de la resistencia.

2. Monica Wichfeld - Recaudó fondos para imprimir los periódicos clandestinos y almacenó explosivos, armas de fuego y municiones para los miembros de la resistencia.

3. Ellen Christensen - Enfermera del hospital de Bispebjerg, donde distribuía periódicos clandestinos. También escondió a judíos daneses hasta que pudieron ser transportados de forma segura a Suecia.

4. Povl Falk-Jensen - Líder de Eigil, un subgrupo del Holger Danske. Conocido por capturar a colaboradores alemanes.

5. Knud Pedersen - Artista, líder de la resistencia y fundador del Club Churchill (cuando tenía 17 años).

6. Kim Malthe-Bruun - Marinero danés de origen canadiense, utilizó sus habilidades en la navegación para llevar armas a los grupos de resistencia.

7. Ole Lippmann - Miembro y comandante paracaidista del Consejo de la Libertad. Conocido por sabotear puentes, ferrocarriles, fábricas y bases militares alemanas en Dinamarca.

8. Jørgen Haagen Schmith - Conocido con el pseudónimo de Citronen. Participó en el bombardeo contra el Forum Copenhague.

9. Bent Faurschou Hviid - A menudo llamado Flammen (en llamas), por su brillante pelo rojo. Junto con Citronen, formaron el dúo de resistencia más famoso de Dinamarca.

10. Lone Maslocha - Hija de Knud Mogensen, periodista que colaboró en varias revistas de la resistencia juvenil en 1942 y 1943.

Identifique las imágenes

1. Este insólito vehículo fue construido por ferroviarios daneses. Su exterior blindado era perfecto para maniobras ofensivas durante la resistencia.

2. Eric Scavenius, primer ministro danés que apoyó la ocupación alemana y trabajó para acabar con la resistencia, deteniendo a sus miembros, sembrando el miedo, etc.

---

3. Los miembros de la resistencia luchaban a menudo contra los alemanes en las calles. Aquí, luchan contra soldados alemanes en las calles de Odense.

4. Los Partisanos Civiles (Borgerlige Partisaner), también conocidos como BOPA.

5. Eran miembros del Club Churchill; un grupo pequeño, pero muy activo, que participaba regularmente en sabotajes.

6. Frits Clausen, uno de los pocos líderes nazis daneses. Werner Best, un dirigente nazi alemán, quería convertir a Clausen en el líder del gobierno danés, pero Clausen no tenía suficiente apoyo.

7. El Partido Comunista Danés, cuyos miembros fueron posteriormente detenidos o asesinados. Solo unos pocos escaparon, e iniciaron el movimiento de resistencia.

8. El Cuerpo HIPO, la fuerza policial nazi que sustituyó a la policía civil danesa, cuyos miembros fueron deportados a campos de concentración.

9. La fotografía muestra la llegada de la brigada danesa a Helsingør. Fue tomada en mayo de 1945, pocos días después de la liberación de Dinamarca.

10. Conmemoración del teniente de vuelo R. H. Thomas y del oficial de vuelo G. J. Allin, los combatientes de la resistencia danesa que murieron cuando su avión se estrelló en Maarum, al norte de Copenhague. En el lugar, se colocó una lápida en su nombre.

Verdadero o falso

1. Verdadero. Tras enterarse de que Hitler planeaba deportar a los judíos daneses a campos de concentración, en octubre de 1943, la resistencia clandestina transportó a casi 8.000 judíos a Suecia en pequeñas embarcaciones a través del Øresund.

2. Falso. El rescate de los judíos no fue un proceso organizado. Nadie estaba preparado para ello, pero la gente de la organización clandestina se reunió muy rápido y ayudó de la mejor manera que pudo. Algunos escondieron a la gente en sus casas, en hospitales o donde pudieron, hasta que fue seguro salir.

3. Verdadero. Los miembros de la resistencia que servían de vigías en los puertos iban y venían entre el muelle y el lugar donde debían informar. Cuando veían una oportunidad de moverse con seguridad a través del agua, iban a informar de ello, pero si el transporte no

era seguro, se quedaban en su lugar en el puerto.

4. Verdadero. En 1945, las fuerzas de ocupación empezaron a tomar represalias contra el movimiento de resistencia. A medida que los grupos de resistencia se organizaban y se abastecían, la ocupación atacaba a los civiles, en represalia por los sabotajes.

5. Verdadero. En 1945, grupos de resistencia, como Holger Danske, estaban preparados para recuperar el control. En última instancia, fue gracias a sus esfuerzos que los alemanes se rindieron, en mayo de 1945.

6. Verdadero. La gente creía que los dirigentes socialdemócratas daban demasiado control a los alemanes, lo que empeoró las condiciones económicas del país. Los trabajadores urbanos estaban especialmente descontentos y amenazaron con huelgas y rebeliones después de la guerra, si no mejoraban sus salarios y sus condiciones laborales.

7. Verdadero. La administración alemana exigió a las autoridades danesas que castigaran las huelgas con la pena de muerte y establecieran toques de queda nocturnos. Como las autoridades se negaron, los alemanes pusieron fin a la cooperación pacífica.

8. Verdadero. Aunque la armada danesa intentó resistir, los alemanes la desarmaron, junto con el ejército, que no opuso mucha resistencia (al menos no el ejército oficial).

9. Falso. Cuando los alemanes vieron que necesitaban más control en Dinamarca, despidieron a la policía danesa y crearon en su lugar el Hilfspolizei (Cuerpo HIPO). La mayoría de ellos eran nazis daneses y simpatizantes, que eran más fáciles de controlar.

10. Verdadero. La Gestapo fue llevada a Dinamarca solo porque el movimiento de resistencia se hizo tan fuerte, que los dirigentes civiles y militares alemanes no sabían cómo combatirlo.

Rellene los espacios en blanco

1. Incluso antes de la Segunda Guerra Mundial, el gobierno danés pidió a la prensa que dejara de criticar a Alemania y al nazismo para mantener una buena relación con Alemania.

2. A mediados de abril de 1940, los oficiales de inteligencia del ejército danés, conocidos como príncipes, informaban a los aliados de Londres.

3. Cuando Alemania ofreció a Dinamarca un pacto recíproco de no agresión, en 1939, la mayoría de los partidos políticos daneses aceptaron firmarlo.

4. La invasión alemana de Dinamarca, en abril de 1940, formaba parte de una estrategia para conquistar Noruega.

5. Inicialmente, los alemanes aceptaron que Dinamarca siguiera siendo un estado neutral independiente.

6. Con el paso del tiempo, los partidos políticos daneses restantes colaboraron cada vez más con los alemanes.

7. Tras sus victorias en Bélgica, Holanda, Luxemburgo y Francia en el verano de 1940, los alemanes empezaron a hacer cambios en el gobierno danés.

8. El nuevo jefe de gobierno, Erik Scavenius, animó a los daneses a trabajar para mejorar la situación y colaborar con Alemania.

9. Por «consejo» de Alemania, se prohibió el Partido Comunista Danés.

10. En 1941, Dinamarca se unió al Pacto Anti-Comintern, una famosa alianza anticomunista.

¿Sabía que...?

Cuando los socialdemócratas accedieron a la demanda del Venstre de proporcionar más ayudas a los agricultores, tuvieron que sacar el dinero de otro lugar. Su solución fue reducir los salarios de los trabajadores en un 20 % y compensar mínimamente con los precios de alquileres, alimentos, etc. No solo eso, sino que ni siquiera se permitió que los trabajadores que no estaban contentos con esta decisión protestaran. La Junta de Trabajo y Conciliación, que mediaba en los conflictos laborales, no contaba con miembros de las organizaciones obreras, por lo cual las resoluciones rara vez eran favorables para los trabajadores.

Preguntas para reflexionar

1. Al principio, los ciudadanos daneses resistieron mediante acciones no violentas, como espiar para los aliados (principalmente británicos), distribuir armas a los miembros de la resistencia organizada y robar armas y suministros a los nazis. Más tarde, empezaron a atacar a los soldados alemanes o a destruir sus suministros, junto con las fábricas danesas que les ayudaban. Otros ayudaron a los judíos a escapar a Suecia o interrumpieron la red ferroviaria danesa, retrasando el avance de los alemanes hacia

Francia.

2. La resistencia danesa utilizó el sabotaje y las operaciones encubiertas para interrumpir las actividades alemanas de varias maneras. Entre ellas, la destrucción de municiones y suministros de alimentos, el asalto a fábricas antes de que los alemanes llegaran a ellas, la destrucción de partes de ferrocarriles y puentes para impedir que los alemanes desplazaran su ejército hacia otros países, etc.

3. La comunicación bajo la ocupación alemana era muy difícil para los miembros de la resistencia. Los periódicos clandestinos y las vías de comunicación les ayudaron a mantenerse en contacto, a enviar información importante (como cuándo o dónde atacar o sabotear un movimiento alemán) y a organizar reuniones.

4. Uno de los mayores desafíos provino del líder civil de Dinamarca, Erik Scavenius, partidario de los alemanes, que pidió a los civiles que no ayudaran a los líderes de la resistencia. Más tarde, los miembros de la resistencia se enfrentaron a las amenazas de la policía civil nazi, que los localizaba y detenía con regularidad. Muchos miembros de la resistencia superaron estos retos manteniéndose alerta y unidos. Unidos, siempre pudieron defenderse mejor e informarse mutuamente del peligro.

5. Muchos de los grupos de la resistencia se ayudaron entre sí, pero también obtuvieron ayuda de las fuerzas aliadas. Los británicos les dieron armas y paracaídas. Algunos incluso se trasladaron a otros países para convertirse en informantes británicos (por ejemplo, el periodista del Berlingske Tidende Ebbe Munck se trasladó a Estocolmo, donde informaba a los británicos de los movimientos de los alemanes en Dinamarca).

6. Los HIPO, conocidos por sus brutales ataques contra miembros de la resistencia, e incluso contra simples sospechosos.

7. La ocupación alemana reforzó el deseo de los daneses de tener un verdadero estado democrático. También demostró que, cuando el pueblo danés unía sus fuerzas, podía superarlo todo. Además, algunos de los procesos establecidos para reactivar la economía danesa tras la ocupación ayudaron al país a prosperar mucho más de lo que lo había hecho, incluso antes de la Primera Guerra Mundial.

8. Muchos daneses no tuvieron más remedio que colaborar con los alemanes. Algunos de ellos sintieron que traicionaban a su propio

país, mientras que otros (como los trabajadores, cuyos salarios se habían reducido a causa del sabotaje) se sentían traicionados por otros.

9. Los grupos de resistencia tenían dos motivaciones principales. La primera era preservar los valores y sistemas tradicionales daneses que los alemanes querían cambiar o anular. La otra motivación procedía de los círculos comunistas, alentados y apoyados financieramente por el principal enemigo de los alemanes, la Unión Soviética.

10. La gente no estaba satisfecha porque había escasez de bienes básicos. Además, la distribución de los bienes y la ayuda financiera no era equitativa. La agricultura obtuvo muchas ayudas, mientras que muchos trabajadores urbanos perdieron sus empleos o tenían salarios insuficientes para procurarse condiciones de vida decentes.

¿Sabía que...?

Los grupos de resistencia daneses tenían muchos informantes trabajando en su contra, entre ellos Hedvig Delbo, modista noruega y agente de la Gestapo. Vendió información sobre los miembros del grupo de resistencia Holger Danske por 20.000 coronas danesas.

Capítulo 9: Reconstrucción y reforma de Dinamarca en la posguerra

Tras el fin de la ocupación alemana, los daneses se hicieron más ricos, tuvieron más empleos, más educación, más apoyo social y más oportunidades de crecimiento que nunca. Si quiere saber cómo recuperaron su economía y lograron un extraordinario estado de bienestar social, no se pierda este capítulo sobre la reconstrucción de Dinamarca tras la guerra.

Verdadero o falso

1. Dinamarca se negó a colaborar con Alemania tras la liberación.

- Verdadero
- Falso

2. Durante la posguerra, la población de Dinamarca aumentó rápidamente.

- Verdadero
- Falso

3. La salud pública mejoró tras la Segunda Guerra Mundial.

- Verdadero
- Falso

4. La nueva mano de obra extranjera, que comenzó a filtrarse en Dinamarca en la década de 1960, fue un tema controversial.
- Verdadero
- Falso

5. Después de la Segunda Guerra Mundial, se introdujo un mercado laboral nórdico común.
- Verdadero
- Falso

6. Las fuerzas de ocupación alemanas permanecieron en una parte de Dinamarca.
- Verdadero
- Falso

7. El progreso de Dinamarca en la posguerra se ralentizó con la Guerra Fría, pero no se detuvo del todo.
- Verdadero
- Falso

8. Los daneses de la posguerra vivían en casas pequeñas.
- Verdadero
- Falso

9. La calefacción central se popularizó en la década de 1960.
- Verdadero
- Falso

10. Dinamarca también se hizo más moderna.
- Verdadero
- Falso

Rellene los espacios en blanco

1. En los años 60, Dinamarca vivió una década de ...., que contribuyó a establecer el moderno ....

2. En la década de 1960, el sector .... se convirtió en el mayor contribuyente a los ingresos del Estado.

3. En 1972, solo el 10 % de la mano de obra activa trabajaba en ...., pero había más personas que cobraban salarios, como .... o ....

4. La oposición creía que el estado de bienestar era ...., porque hacía que la gente dependiera demasiado de las prestaciones y ... .

5. El estado de bienestar danés se basó en los valores ...., ya que la mayoría de los países de esta región empezaron a introducir el sistema más o menos en la misma época.

6. El estado de bienestar se financió a partir de .... y no de ...., como en otros países europeos.

7. La pensión estatal como prestación universal se introdujo en ....

8. La política de bienestar establecida condujo a la construcción de muchos nuevos hospitales y residencias para los .... y ....

9. A principios de la década de 1970, el Consejo Económico creó dos planes para establecer un .... sostenible para los gastos sociales.

10. Los derechos a la asistencia sanitaria, la seguridad social, la educación, el voto y el servicio militar de todos los daneses eran controlados por el sistema ....

Preguntas de respuesta múltiple

1. ¿En qué año se introdujo el Registro Central de Personas (CPR)?

    A. 1958

    B. 1968

    C. 1970

    D. 1962

2. ¿Cuándo se introdujo por primera vez el impuesto a las ventas en Dinamarca?

    A. 1967

    B. 1959

    C. 1956

    D. 1955

3. Como parte de la sostenibilidad del estado de bienestar, se aumentaron los impuestos...

    A. Rápidamente

    B. Cada año

    C. Cada cinco años

    D. Gradualmente, a lo largo de tres décadas

4. ¿Cuántos niveles tenía el gobierno danés tras las reformas municipales de posguerra?

    A. Dos

    B. Tres

    C. Cinco

    D. Siete

5. Además de un mejor sistema de bienestar, la economía también requería que el Estado encontrara tierras ¿para qué fines?

    A. Agricultura

    B. Hogares de trabajadores

    C. Distritos industriales

    D. Espacios verdes

6. ¿Qué grupo de ciudadanos daneses se benefició con el nuevo estado de bienestar?

A. Los trabajadores

B. Los ancianos

C. Personas de todas las edades

D. Estudiantes

7. ¿Qué concepto se eliminó de la nueva política de bienestar?

A. Meritocracia

B. Igualdad

C. Privilegios basados en el estatus

D. Necesidad de derechos

8. ¿Qué parte de la agricultura se desarrolló más en la posguerra?

A. Trabajo agrícola

B. Industrial

C. Ganadería

D. Uso de fertilizantes

9. ¿Por qué el rápido crecimiento de la agricultura fue importante para la economía danesa?

A. Para abastecer el mercado danés

B. Para seguir el ritmo del crecimiento demográfico

C. para emplear menos trabajadores en las granjas y más en las fábricas urbanas

D. Para producir más productos animales de exportación

10. ¿Cuál fue uno de los nuevos retos del estado de bienestar?

A. Financiación

B. Que la gente lo aceptara

C. La gente vivía más tiempo

D. Mayor necesidad de prestaciones

Identifique las imágenes

1. ¿Cuál era el propósito de este edificio durante el estado de bienestar danés?

Imagen 81

Respuesta:

2. Identifique a la persona de la fotografía.

Imagen 82

Respuesta: _____

3. ¿Qué miembros de la alianza aparecen en esta imagen (en azul oscuro)?

Imagen 83

Respuesta: _____

4. ¿Qué representa este mapa?

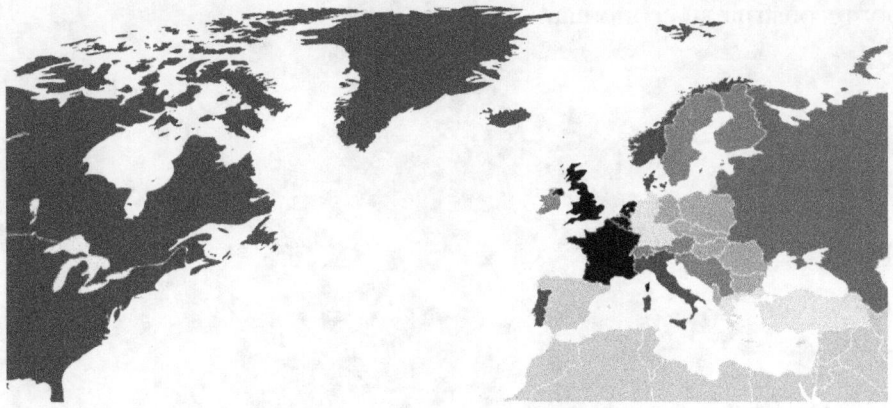

Imagen 84

Respuesta:

_____
_____
_____
_____
_____

5. ¿Por qué esta organización obstaculizó los esfuerzos de Dinamarca por reconstruir su economía?

Imagen 85

Respuesta:

_____

_____

_____

_____

_____

6. Identifique a la persona de la fotografía.

Imagen 86

Respuesta: _____

7. En 1957, Dinamarca firmó un tratado para acceder a los mercados europeos y establecer aduanas comerciales comunes. ¿Cuál fue el nombre de este tratado?

Imagen 87

Respuesta: _____

8. La adopción de un plan basado en una política de EE. UU. supuso una enorme diferencia en el bienestar danés. ¿De qué plan se trataba?

Imagen 88

Respuesta:

_____
_____
_____
_____
_____

9. ¿Dónde cree que se tomó esta fotografía?

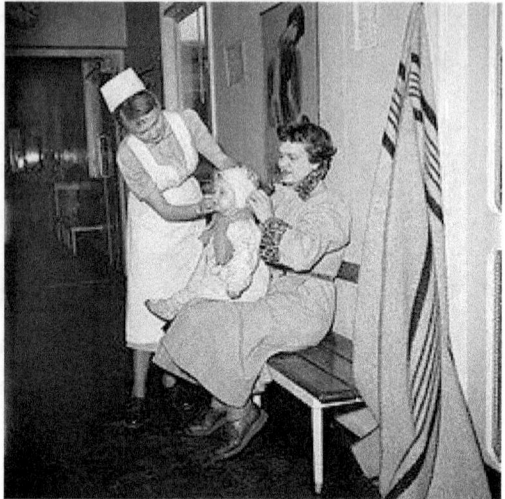

Imagen 89

Respuesta: _____

10. ¿Qué se ve en esta fotografía?

Imagen 90

Respuesta: _____

Preguntas para reflexionar

1. ¿Cómo reconstruyó Dinamarca su economía y sus infraestructuras tras la Segunda Guerra Mundial?

_____
_____
_____
_____
_____

2. ¿Cuáles fueron algunas de las principales iniciativas del estado de bienestar, que se introdujeron en la Dinamarca de posguerra, y cómo mejoraron la vida de los ciudadanos?

_____
_____
_____
_____
_____

3. Describa los avances en la igualdad de género y los derechos de la mujer durante el periodo de posguerra en Dinamarca.

_____
_____
_____
_____
_____

4. Discuta la importancia del establecimiento de Dinamarca como un estado de bienestar moderno. ¿En qué se diferenciaba de la Dinamarca de antes de la guerra?

_____
_____
_____
_____
_____

5. ¿Qué papel desempeñó la educación en el progreso de Dinamarca durante la posguerra y cómo contribuyó al desarrollo de la nación?

_____

_____

_____

_____

_____

6. ¿Qué causó los cambios en los patrones de población?

_____

_____

_____

_____

_____

7. ¿Cómo contribuyó el estado de bienestar moderno a la felicidad de las personas?

_____

_____

_____

_____

_____

8. Además de los trabajadores urbanos, los trabajadores agrícolas también dependían de las prestaciones sociales. ¿Por qué?

_____

_____

_____

_____

_____

9. ¿Cuál fue la forma en que el sector del comercio, el transporte y los servicios superó a la agricultura y a algunos sectores industriales?

_____

_____

_____

_____

_____

10. ¿Qué reforma municipal contribuyó más al estado de bienestar?

_____

_____

_____

_____

_____

Respuestas

Verdadero o falso

1. Falso. Dinamarca seguía compartiendo fronteras con los territorios alemanes (a través de Schleswig) y quería evitar el conflicto. Por esto, Dinamarca comenzó a reactivar el comercio, la colaboración militar y el intercambio cultural con sus vecinos alemanes.

2. Verdadero. Entre 1945 y 1973, la población de Dinamarca aumentó un 25 %. A medida que mejoraba la economía, también lo hacían las condiciones de vida; nacían más niños y la gente vivía más tiempo.

3. Verdadero. La mejora de la sanidad pública significaba que menos personas morían de infecciones prevenibles y curables. La mayoría de ellas eran bacterianas (como la tuberculosis, por ejemplo), y ahora se podían tratar con penicilina. También se introdujo la vacunación infantil contra la tos ferina, el tétano y la difteria.

4. Falso. Aunque muchos de los trabajadores extranjeros se quedaron en Dinamarca, ayudaron a llenar los huecos en sectores en los cuales había escasez. En otras palabras, ayudaron a reactivar industrias que los daneses no habrían podido reactivar por sí solos.

5. Verdadero. En los años 50, el recién creado Consejo Nórdico permitió a los trabajadores de los países nórdicos trabajar y vivir en otros países de la región. Este fue el primer alivio para la escasez de mano de obra danesa.

6. Verdadero. Las fuerzas de ocupación alemanas permanecieron en una parte de Dinamarca, hasta que las fuerzas soviéticas conquistaron estos territorios. El ejército alemán restante huyó hacia la isla de Bornholm para rendirse ante los británicos. Sin embargo, tras un breve bombardeo de la región, los soviéticos tomaron el control y ocuparon la isla hasta el 5 de abril de 1946.

7. Verdadero. Mientras trabajaba para reconstruir su economía, Dinamarca tuvo que ser muy cuidadosa con la diplomacia política.

8. Verdadero. En 1955, los daneses vivían en casas o apartamentos pequeños, muchos de los cuales ni siquiera tenían baño. Sin embargo, en la década de 1970, las casas se hicieron más grandes, y más del 71 % contaba con un baño.

9. Verdadero. Durante la década de 1960, las estufas de carbón fueron sustituidas poco a poco por un sistema de calefacción central.

10. Verdadero. Las casas nuevas, más grandes, eran de buena calidad, asequibles y con electrodomésticos modernos. Debido a la próspera economía, más gente pudo permitirse objetos tecnológicos, como frigoríficos, aspiradoras y lavadoras, nada de lo cual era habitual en los hogares daneses de antes de la guerra.

¿Sabía que...?

La continua colaboración de Dinamarca con Alemania se convirtió en uno de los mayores ejemplos de resolución pacífica de conflictos. No solo benefició a las minorías alemanas en Dinamarca y a las minorías danesas en Alemania, sino a todo el país. Alemania era uno de los mayores mercados de exportación de Dinamarca y recuperar este mercado era crucial para reactivar la golpeada economía del país.

Rellene los espacios en blanco

1. En los años 60, Dinamarca vivió una década de gran crecimiento económico, que contribuyó a establecer el moderno estado de bienestar.

2. En la década de 1960, el sector industrial se convirtió en el mayor contribuyente a los ingresos del Estado.

3. En 1972, sólo el 10 % de la población activa trabajaba en la agricultura, pero había más personas que percibían un salario como trabajadores urbanos o independientes.

4. La oposición creía que el estado de bienestar era una mala idea porque hacía que la gente dependiera demasiado de las prestaciones y no quisiera trabajar.

5. El estado de bienestar danés se basó en los valores nórdicos, ya que la mayoría de los países de esta región empezaron a introducir el sistema más o menos en la misma época.

6. El sistema de bienestar se financió a partir de impuestos y no de seguros, como en otros países europeos.

7. La pensión estatal como prestación universal se introdujo en 1965.

8. La política de bienestar establecida condujo a la construcción de muchos nuevos hospitales y residencias para los ancianos y niños.

9. A principios de la década de 1970, el Consejo Económico creó dos planes para establecer un presupuesto sostenible para los gastos

sociales.

10. Los derechos de asistencia sanitaria, la seguridad social, la educación, el voto y el servicio militar de todos los daneses eran controlados por el sistema CPR (Centrale Person Register – Registro central de personas).

Preguntas de respuesta múltiple

1. B. El Registro Central de Personas (CPR) se introdujo en 1968. Permitía al Estado rastrear fácilmente los contactos, derechos y obligaciones de las personas con el sector público.

2. A. El primer impuesto sobre las ventas, conocido como *oms*, se introdujo en 1967. Solo se aplicaba a las ventas al por mayor, y no a las ventas al por menor.

3. D. Para crear un presupuesto sostenible, hubo que aumentar los impuestos gradualmente. La presión fiscal global de Dinamarca pasó del 23 %, en la posguerra, al 40,3 %, en 1973.

4. A. Tras las reformas municipales, el gobierno local solo tenía dos niveles. El inferior estaba ocupado por los 275 municipios, mientras que el otro lo ocupaban los 14 condados de todo el país.

5. C. Además de un mejor sistema de bienestar, la economía también requería que el Estado encontrara terrenos para el sector industrial, en rápido crecimiento. Se necesitaba más espacio para nuevas fábricas en las zonas urbanas.

6. C. Una de las principales ventajas del estado de bienestar moderno era que beneficiaba a personas de todas las edades. A diferencia de los sistemas de apoyo social anteriores, que solo ayudaban a las personas en edad de trabajar, este ofrecía prestaciones desde el nacimiento hasta la muerte.

7. A. El concepto de la meritocracia, que significaba que la gente tenía que merecer sus prestaciones, fue eliminado de la política de bienestar moderna. Fue sustituido por el concepto de necesidad basada en el derecho, que aseguraba el derecho de todos a las prestaciones sociales.

8. B. La agricultura industrial superó rápidamente a todos los demás sectores. La motorización hizo que fueran necesarias menos personas y animales en las granjas y en la producción de bienes.

9. D. La exportación de productos animales siempre ha sido una importante fuente de ingresos para el estado danés. Combinada con

el esfuerzo por restablecer las buenas relaciones comerciales con los antiguos socios (y de impulsar nuevas alianzas comerciales), la reestructuración de la agricultura fue crucial en la reactivación de la maltrecha economía de posguerra.

10. C. Gracias al estado de bienestar, la gente vivía más tiempo. Aunque esto fue un beneficio, también se convirtió en un reto. Por ejemplo, antes, la mayoría de las necesidades sanitarias estaban relacionadas con enfermedades infecciosas. Ahora, surgían nuevas enfermedades, como las cardiopatías, diabetes y cáncer. La gente no solo vivía más tiempo, sino que también podía permitirse más alimentos poco saludables, que producían con frecuencia problemas de salud.

Identifique las imágenes

1. Este edificio de Copenhague era uno de los proyectos de viviendas sociales que ofrecían ayuda a las madres jóvenes. Desde la atención en el embarazo hasta el parto, pasando por la educación anticonceptiva, las mujeres tenían acceso a muchas formas de asistencia social.

2. Este es un retrato de Bodil Begtrup, una activista danesa por los derechos de la mujer que abogó por la construcción de más edificios públicos y por ayudas especiales a las viviendas colectivas para amas de casa.

3. Los miembros del Consejo Nórdico, fundado en 1952. Esta alianza otorgó pasaportes uniformes a los ciudadanos de todos los países miembros y les aseguró el derecho a viajar y trabajar en cualquier país nórdico que desearan.

4. El mapa muestra las alianzas políticas y económicas durante la Guerra Fría, entre 1947 y 1955. Dinamarca tuvo que navegar por esta compleja estructura de relaciones internacionales para reconstruir su economía.

5. El Pacto de Varsovia se firmó en 1955 para contrarrestar los esfuerzos de la OTAN (Organización del Tratado del Atlántico Norte). Dinamarca dependía de la OTAN para obtener apoyo y reconstruir sus conexiones comerciales, lo que significaba expandirse a los mercados del este. El Pacto de Varsovia era un obstáculo en forma de alianza militar, que hacía mucho más difícil establecer conexiones en el este.

6. Se trata de Per Hækkerup, el ministro de Asuntos Exteriores danés que introdujo la nueva política exterior de Dinamarca. Se basó en factores políticos, históricos, militares y geoestratégicos, que permitieron a Dinamarca gestionar sus relaciones de posguerra con la OTAN, las Naciones Unidas (ONU), Europa y los países nórdicos, al tiempo que reconstruía su economía.

7. Se trataba del Tratado de Roma, que fomentaba las alianzas económicas entre sus miembros. La integración económica era muy importante para la política exterior e interior de Dinamarca, ya que significaba más conexiones para el comercio y la cooperación.

8. El Plan Marshall, o Programa Europeo de Recuperación, como se le conocía en Europa, proporcionó a Dinamarca una importante ayuda financiera para reconstruir su economía de posguerra.

9. La estación de tren de Lygten, hacia 1961. Los trenes y tranvías se convirtieron en importantes métodos de transporte para la creciente población urbana de las ciudades danesas.

Preguntas para reflexionar

1. Tras la Segunda Guerra Mundial, Dinamarca reconstruyó su economía lenta y cuidadosamente. Comenzaron a reactivar el comercio y a invertir en la producción. Cuanto más producían, más podían exportar y más personas tenían empleo en La fotografía fue tomada en la guardería de una fábrica de cerveza en Hellerup. Las guarderías de las fábricas permitían a las mujeres incorporarse al trabajo, aunque tuvieran hipotecario hijos pequeños. Era *in situ,* así que cuando terminaba su jornada laboral, las madres recogían a sus hijos y se iban a casa. todas las industrias. La mejora de las condiciones laborales de los trabajadores urbanos también ayudó, porque los motivó para hacer un buen trabajo.

2. Una de las principales iniciativas de bienestar social fue el plan estatal, que permitía a la gente comprar casas nuevas accediendo a un pequeño préstamo. Más personas recibieron viviendas sociales y dispusieron de hogares más sanos y espacios vitales más amplios.

3. Las mujeres obtuvieron la igualdad de derechos durante la posguerra en Dinamarca. Tenían derecho legal a una pensión estatal y a la tutela de sus hijos, pero también tenían las mismas obligaciones tributarias. A partir de 1962, las mujeres pudieron alistarse en la Guardia Nacional y en el ejército.

4. A diferencia de la política económica de antes de la guerra, el estado de bienestar moderno se basaba en la igualdad y en la mejora de las condiciones de vida de todos. Por ejemplo, antes de que se fundara, los niños, los ancianos, los discapacitados, los desempleados, los enfermos y los estudiantes dependían de sus cuidadores (hijos, cónyuges, etc.). Las prestaciones sociales modernas incluían prestaciones por hijos, becas para estudiantes, pensiones, subsidios de rehabilitación y desempleo, y mucho más. Además, ahora todos tenían derecho a estas prestaciones, lo que significó que podían acceder a estos servicios sin mucha dificultad.

5. En la Dinamarca de la posguerra, más personas (sobre todo mujeres) pudieron acceder a la educación, y muchas tuvieron estudios superiores. Cuanto más alto era su nivel educativo, más oportunidades tenían los daneses, lo que significaba que podían utilizar sus conocimientos y experiencia para construir la economía. El número de trabajadores no cualificados descendió a medida que más personas aprendían habilidades específicas. Los nuevos programas educativos también ayudaron a los estudiantes de origen pobre a acceder a una educación superior.

6. Tras un periodo de rápido crecimiento, el crecimiento demográfico de Dinamarca se ralentizó. Esto se debió a las nuevas políticas económicas y de bienestar social, así como a los avances médicos. Por ejemplo, la gente de las zonas rurales no necesitaba tener tantos hijos para mantenerse, pero los que tenían eran más sanos. Las prestaciones públicas y la educación anticonceptiva pusieron a disposición más opciones de planificación familiar.

7. Con mayores beneficios, la gente ya no dependía de su familia para mantenerse. No solo dependían menos de los demás, sino que podían trasladarse fácilmente a otros lugares en busca de mejores oportunidades educativas y laborales. Aunque conservar las tradiciones era importante para ellos, los jóvenes tenían la oportunidad de explorar diferentes valores y culturas y encontrar lo que los hacía felices, en lugar de seguir viviendo con sus familias, «como siempre se había hecho».

8. Con la introducción de nuevas tecnologías en la industria agrícola, como la maquinaria y los procesos de trabajo automatizados, cada vez era necesario emplear a menos personas en granjas y fábricas agrícolas. Al quedarse sin empleo, los trabajadores agrícolas y sus

familias necesitaban ayudas sociales hasta encontrar otras formas de ingresos.

9. El comercio, el transporte y los servicios crecieron rápidamente, porque el Estado invirtió más en sanidad y asistencia social. Se empleó a más médicos, enfermeras, trabajadores sociales, profesores, animadores juveniles y asistentes sanitarios, muchos de los cuales eran mujeres, incorporadas a la población activa en los años sesenta.

10. Cuando se eliminó la división entre municipios rurales y urbanos, las condiciones socioeconómicas del país empezaron a igualarse. La asistencia social y la educación se decidían ahora a nivel estatal, lo que significaba igualdad de oportunidades para la población de las zonas urbanas y rurales. Todos los municipios tenían el deber de hacer cumplir los derechos de los niños y los jóvenes, independientemente de su ubicación.

¿Sabía que...?

La estrategia de reconstrucción económica de Dinamarca se basaba en establecer una colaboración más estrecha con otros países nórdicos. Sin embargo, orientarse hacia Occidente también era crucial para Dinamarca, ya que ello significaba mejores oportunidades de seguridad en el contexto de los nuevos bloques que se estaban formando en todo el mundo.

Capítulo 10: Innovación danesa moderna y evolución cultural

La Dinamarca moderna es conocida como una tierra de innovaciones, dinamismo cultural y desarrollo sostenible. Además de ser un país profundamente comprometido con la responsabilidad medioambiental, Dinamarca también es líder en el fomento de la educación, la cultura y las tradiciones. Científicos, artistas, arquitectos y empresarios mezclan lo nuevo con lo antiguo, mostrando una sociedad progresista, que prospera ante muchos desafíos. Este capítulo le da la oportunidad de conocer o poner a prueba sus conocimientos sobre los innovadores daneses y sus aportes únicos.

Verdadero o falso

1. La cultura danesa se basa en la confianza.

- Verdadero
- Falso

2. A los daneses no les gusta ser voluntarios.

- Verdadero
- Falso

3. Los daneses van en bicicleta, incluso a eventos sociales.

- Verdadero
- Falso

4. Las innovaciones danesas son resultado de vivir en un país con pocos recursos.

- Verdadero
- Falso

5. Dinamarca tiene un bajo número de innovadores en comparación con su población.

- Verdadero
- Falso

6. Los daneses son uno de los pueblos más felices del mundo.

- Verdadero
- Falso

7. Dinamarca cuenta con muchos restaurantes modernos.

- Verdadero
- Falso

8. La educación es gratuita en Dinamarca.

- Verdadero
- Falso

9. Los daneses tienen un excelente equilibrio entre trabajo y vida privada.

- Verdadero
- Falso

10. La cultura danesa se diversificó después de la Segunda Guerra Mundial.

- Verdadero
- Falso

Identifique las imágenes

1. ¿Qué cree que muestran las líneas en el agua?

Imagen 91

Respuesta:

_____

_____

_____

_____

_____

2. ¿Qué tiene de singular este edificio?

Imagen 92

Respuesta:

_____

_____

_____

_____

_____

3. ¿Cómo se llama la isla danesa que es completamente autosostenible?

Imagen 93

Respuesta: _____

4. Nombre al diseñador de esta silla.

Imagen 94

Respuesta: _____

5. Los arquitectos daneses también dejaron su huella en edificios e hitos históricos fuera de Dinamarca. ¿Sabe quién diseñó este edificio?

Imagen 95

Respuesta: _____

6. ¿Por qué es famosa la persona homenajeada en esta señal?

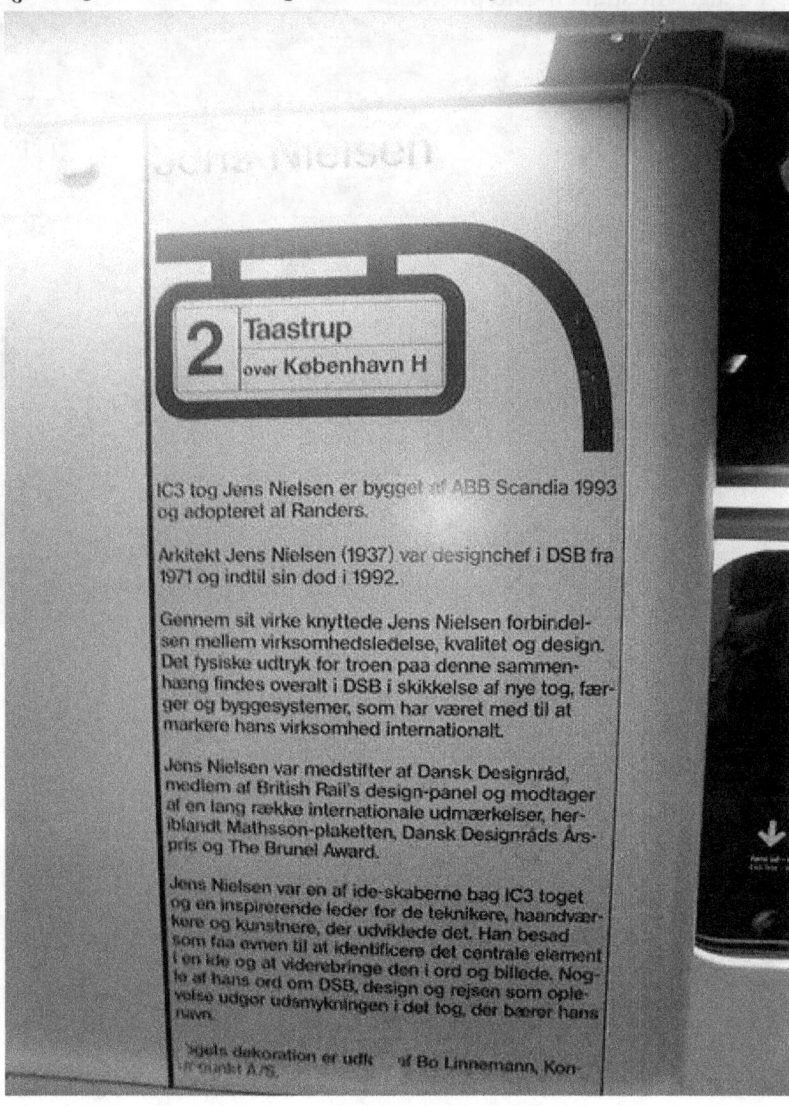

Imagen 96

Respuesta:

_____

_____

_____

_____

_____

7. ¿Ve algo inusual en este puente?

Imagen 97

Respuesta:

_____
_____
_____
_____
_____

8. ¿Sabe para qué se utiliza esta estructura?

Imagen 98

Respuesta:

_____

_____

_____

_____

_____

9. ¿De quién es esta obra de arte?

Imagen 99

Respuesta: _____

10. Este científico danés encarna los principales valores de Dinamarca. ¿Sabe por qué?

Imagen 100

Respuesta:

_____
_____
_____
_____
_____

Rellene los espacios en blanco

1. Un buen equilibrio entre el trabajo y la vida privada, una cultura laboral positiva y el apoyo a la vida familiar, hacen que los daneses sean...

2. El chef danés Brian Mark Hansen ganó el concurso Bocuse d'Or, que se conoce como ....

3. Cuando los daneses dicen *hygge*, se refieren a ....

4. Para los daneses, sostenibilidad significa utilizar energías renovables, ..., utilizar medios de transporte ecológicos y ....

5. El esfuerzo de Dinamarca por invertir en energía sostenible es especialmente admirable porque el país necesita .... durante más de medio año.

6. Dinamarca opera la primera planta del mundo ....

7. Los ecosistemas de Dinamarca son tan limpios, que los daneses pueden .... en cualquier parte del país.

8. Dinamarca es conocida por su activismo a favor de .... en todo el mundo.

9. Jussi Adler-Olsen es uno de los .... más famosos del mundo.

10. *El sentido de la nieve*, de Smilla, es una película basada en la novela del escritor ....

Preguntas para reflexionar

1. ¿Qué empresa danesa fue pionera en la tecnología de la energía eólica, y desde entonces se ha convertido en líder mundial en soluciones energéticas sostenibles?

_____

_____

_____

_____

2. ¿Qué inventor y empresario danés es famoso por haber creado, en el siglo XX, un popular sistema de juguetes de construcción que inspiró la creatividad y la innovación en los niños de todo el mundo?

_____

_____

_____

_____

3. ¿Cuál es el principal medio de transporte respetuoso con el medio ambiente en la Dinamarca moderna?

_____

_____

_____

_____

4. ¿Cuál es la mayor fuente de bioenergía en Dinamarca?

_____

_____

_____

_____

5. En Dinamarca, incluso la calefacción urbana (o central) se alimenta de fuentes de energía renovables. ¿Cuál se utiliza, además de la biomasa y la energía eólica?

_____

_____

_____

_____

_____

6. ¿Qué significa el término «primer combustible» y por qué es importante para el consumo energético danés?

_____

_____

_____

_____

_____

7. ¿Qué empresa danesa es la quinta mayor fabricante de productos lácteos del mundo y la mayor de Escandinavia?

_____

_____

_____

_____

_____

8. ¿Qué empresa danesa es líder mundial en la producción de sistemas de control del agua?

_____

_____

_____

_____

9. ¿Qué ciudades danesas se han convertido en el centro de la industria robótica?

_____

_____

_____

_____

_____

10. ¿Qué acontecimiento de los años 90 condujo a la mejora del sistema de telecomunicaciones de Dinamarca?

_____

_____

_____

_____

_____

Establezca las correspondencias

1. Holger Møller Hansen	Diseñó la primera polea con motor utilizada con fines industriales, en la década de 1950.
2. Peter L. Jensen	Fabricó por primera vez insulina, en 1922.
3. Lars y Jens Rasmussen	Atleta danés que formó las reglas e inventó el balonmano moderno.
4. Susanne Koefoed	Diseñador danés-canadiense que acuñó el término «*copenhagenización*» para describir el singular estilo de vida en bicicleta y la infraestructura urbana de la capital danesa.
5. John Kirkegaard	En 1951, inventó la imagen por fibra óptica, la tecnología que transfiere imágenes al ojo a través de fibras ópticas. Se utiliza para endoscopios.
6. Elise Sørensen	Empresario y cofundador de Skype.
7. August Krogh	En 1915, inventó el altavoz, mientras experimentaba con sistemas telefónicos inalámbricos.
8. Holger Nielsen	Enfermera que diseñó el primer sistema de ostomía (bolsa de estoma).

9. Mikael Colville-Andersen	Estudiante danesa que diseñó y utilizó por primera vez el Símbolo Internacional de Acceso (ISA) para señalar un lugar reservado a personas con discapacidad, en 1968.
10. Janus Friis	Inventaron Google Maps mientras trabajaban en Where 2 Technologies, a principios de la década de 2000.

Respuestas

Verdadero o falso

1. Verdadero. Los daneses son muy confiados. Según su cultura, la confianza en los demás ayuda a evitar conflictos y a reducir los índices de delincuencia.

2. Falso. Dinamarca tiene una de las tasas de voluntariado más altas del mundo. No importa si se trata de ayudar a los necesitados de su comunidad, de proyectos de jardinería, de recoger basuras o de cualquier otra cosa, los daneses siempre están dispuestos a trabajar como voluntarios.

3. Verdadero. Si se trata de un evento dentro de la ciudad, es muy probable que los daneses lleguen en bicicleta. Sus bicicletas tienen cestas y extensiones con ruedas para transportar cosas más grandes, que son convenientes para llevar lo que sea y a donde sea (incluyendo niños pequeños).

4. Verdadero. En comparación con muchos otros países europeos, Dinamarca tiene pocos recursos, pero utiliza los que tiene de forma muy creativa.

5. Falso. Dinamarca tiene un número muy alto de innovaciones en comparación con el tamaño de su población.

6. Verdadero. Gracias a su excelente estado de bienestar social, a los bajos índices de delincuencia y a un fuerte sentimiento de apoyo comunitario, los daneses tienen todos los motivos para ser felices. Ni siquiera los impuestos, relativamente altos, hacen que decaiga el estado de ánimo, porque saben que el dinero de sus impuestos se gasta para mejorar el futuro.

7. Verdadero. De los 28 restaurantes con estrellas Michelin que hay en Dinamarca, al menos la mitad exhiben la llamada Nueva Cocina Nórdica, parte de la influencia de la Nueva Ola Nórdica, popularizada no solo en los países nórdicos, sino también en otras partes del mundo (por ejemplo, Tokio, Sydney, Tulum, etc.).

8. Verdadero. No solo la educación es completamente gratuita, sino que a menudo se paga a los universitarios por estudiar. ¡No es de extrañar que haya tantos pensadores en este país!

9. Verdadero. Los daneses trabajan duro por su dinero, pero también les gusta disfrutar de su tiempo libre. Disponen de cinco semanas

de vacaciones pagadas al año para hacerlo, y no es raro que los negocios cierren durante todo un mes, mientras sus propietarios están de vacaciones.

10. Verdadero. En parte por la mano de obra extranjera, en parte por la innovación tecnológica que conectó al país con otras partes del mundo, la cultura de Dinamarca se enriqueció después de la Segunda Guerra Mundial.

¿Sabía que...?

Dinamarca sigue acumulando logros tecnológicos contemporáneos. Desde la década de 1990, los científicos y las empresas danesas han desarrollado innovaciones de importancia mundial. Una de ellas fue la invención y el desarrollo, por parte de Bjarne Stroustrup, del lenguaje de programación C++, que se convirtió en la base del desarrollo moderno de *software.*

Identifique las imágenes

1. Son molinos de viento en el parque eólico de Horns Reef, en Jutlandia. A lo largo de la costa de Dinamarca suele haber mucho viento, y el parque eólico marino es una de las mejores formas de aprovecharlo.

2. Este edificio de Copenhague tiene una pista de esquí en su parte superior y una pared de escalada en su costado. Funciona como una estación de quema de residuos y fue diseñado por uno de los mejores arquitectos contemporáneos de Dinamarca, Bjarke Ingels.

3. Esta isla se llama Samsø y es famosa por sus granjas de papas. Desde 2007, depende exclusivamente de energías renovables, y sus habitantes se han asegurado de que no se desperdicie nada. También están trabajando en un proyecto que dará energía incluso al transbordador que conecta la isla con el territorio continental danés.

4. Esta forma de silla mundialmente conocida (Cisne) fue diseñada por Arne Jacobsen. Jacobsen era conocido por sus diseños de muebles modernos, entre los que se incluyen el huevo y la silla hormiga.

5. El magnífico edificio de la Ópera de Sídney fue diseñado por Jorn Utzon, en 1973. En 2005, la estructura se convirtió en Patrimonio de la Humanidad.

6. El letrero del tren IC3 rinde homenaje a Freddy Nielsen, antiguo arquitecto jefe de los Ferrocarriles Estatales Daneses y uno de los

diseñadores industriales más innovadores del siglo XX.

7. El puente cuenta con un amplio camino peatonal y un carril para bici bidireccional aún más ancho. Este tipo de vías son habituales en las carreteras y puentes daneses: así de serios son los daneses con la bicicleta.

8. Esta estructura miniatura, con aspecto de tranvía, es un parque infantil. Dinamarca tiene los parques infantiles más creativos, sobre todo en las ciudades. Eso se debe a que la mayoría de los daneses viven en apartamentos, por lo cual los niños suelen ir a divertirse a los parques infantiles. En algunos lugares, los adultos también pueden divertirse, porque hay cafés y restaurantes cerca, donde los padres pueden sentarse mientras sus hijos juegan.

9. Esta es la obra del pintor, escultor y artista gráfico, Henry Heerup. La mayor parte de su obra está hecha con materiales desechados.

10. Knud Illeris es un reputado profesor que, entre otros lugares, enseñó en el Teachers College y en la Universidad de Columbia. También ha publicado varios libros en todo el mundo, todos ellos basados en sus investigaciones sobre el aprendizaje permanente. Los daneses siempre han demostrado una enorme capacidad de aprendizaje, incluido el aprendizaje del pasado, el aprendizaje del presente y el aprendizaje para un futuro mejor.

¿Sabía que...?

Dinamarca es líder en infraestructuras de banda ancha, y los gigantes tecnológicos del mundo están empezando a darse cuenta de ello. Están invirtiendo en centros de datos daneses, porque creen en los sistemas de telecomunicaciones daneses y porque muchos de ellos se alimentan de fuentes de energía sostenibles.

Rellene los espacios en blanco

1. Un buen equilibrio entre el trabajo y la vida privada, una cultura laboral positiva y el apoyo a la vida familiar, hacen que los daneses sean más productivos.

2. El chef danés Brian Mark Hansen ganó el concurso Bocuse d'Or, que se conoce como el campeonato mundial no oficial de cocina.

3. Cuando los daneses dicen *hygge*, se refieren a tomarse tiempo libre para hacer algo divertido.

4. Para los daneses, sostenibilidad significa utilizar energías renovables, reciclar los residuos, utilizar medios de transporte ecológicos y

conservar el agua.

5. El esfuerzo de Dinamarca por invertir en energía sostenible es especialmente admirable porque el país necesita calefacción durante más de medio año.

6. Dinamarca opera la primera planta del mundo neutra en carbono.

7. Los ecosistemas de Dinamarca son tan limpios, que los daneses pueden beber agua del grifo en cualquier parte del país.

8. Dinamarca es conocida por su activismo en favor de los derechos humanos universales en todo el mundo.

9. Jussi Adler-Olsen es uno de los novelistas nórdicos más famosos del mundo.

10. *El sentido de la nieve*, de Smilla, es una película basada en la novela del escritor de ficción danés Peter Høeg.

¿Sabía que...?

Dinamarca está tan comprometida con el reciclaje, como con el uso de energías limpias. Si alguien compra un producto en una botella o lata apta para el reciclaje, se le cobra un pequeño depósito. Para recuperarlo, tiene que devolver la lata o la botella. Por ello, la mayoría de los daneses devuelven estos artículos, especialmente las botellas de plástico, cuyo índice de devolución en Dinamarca es del 96 %.

Preguntas para reflexionar

1. Vestas fue la primera empresa danesa en invertir en tecnología de energía eólica. Lleva fabricando, vendiendo, instalando y dando servicio a turbinas eólicas desde 1945. En 2013, Vestas se convirtió en la mayor empresa de turbinas eólicas del mundo y en líder mundial en soluciones energéticas sostenibles.

2. Godtfred Kirk Christiansen y sus compañeros de trabajo en la empresa Lego desarrollaron los ladrillos de Lego. El juguete no era único en sí mismo, pero tenía una forma específica de unir los ladrillos, creando infinitas posibilidades. Se hizo popular porque fomentaba el juego creativo en los niños de todo el mundo.

3. La bicicleta. Muchos daneses utilizan la bicicleta como principal medio de transporte, y sus ciudades lo facilitan. Todo está a poca distancia, pero si tienen que desplazarse un poco más lejos, siempre pueden utilizar el desarrollado sistema de transporte público. Los daneses rara vez usan sus autos (solo para viajar fuera de la ciudad), e incluso cuando lo hacen, prefieren los servicios de transporte

compartido por su respeto al medio ambiente.

4. La producción de biomasa en la agricultura es una fuente masiva de bioenergía en Dinamarca. El país cuenta con una industria agrícola extremadamente productiva, por lo que tiene sentido que dos tercios de su energía renovable proceda de la materia orgánica producida en la agricultura. Algunas centrales eléctricas danesas han empezado incluso a pasarse a la biomasa, dejando atrás los combustibles fósiles tradicionales.

5. El calor geotérmico es otra fuente de energía, utilizada en los sistemas daneses de calefacción urbana. Además, algunos hogares utilizan energía solar para abastecer su consumo energético.

6. Significa eficiencia energética. Los daneses saben que una de las mejores formas de crear un sistema energético sostenible (sea cual sea) es no derrochar energía. Desde los electrodomésticos y las instalaciones caseras de bajo consumo, hasta el uso inteligente de la energía, en Dinamarca se practican muchas formas de reducir el consumo energético.

7. Arla, con sede en Dinamarca, continúa la antigua tradición de producir productos animales de calidad. A pesar de la producción a gran escala, Arla sigue reduciendo sus emisiones de CO_2. La empresa utiliza envases reciclados y proporciona educación sobre cómo utilizar sus productos, que incluyen desde leche y yogur, hasta alimentos infantiles y sueros proteínicos para deportistas.

8. Fundada en 1945 por Poul Due Jensen en una bodega casera, Grundfos fabrica todo tipo de bombas de agua. Es el mayor fabricante de esos productos y uno de los gigantes que se preocupa por minimizar su impacto medioambiental.

9. Odense, que también cuenta con un amplio sistema educativo, es el hogar de 120 empresas de robótica. Desde maquinaria e ingeniería, hasta empresas de robótica y automatización (por no mencionar las instalaciones de investigación que trabajan en el desarrollo de tecnologías aún más novedosas), esta ciudad está preparada para el futuro.

10. En los años 90, se liberalizó el mercado de las telecomunicaciones en Dinamarca, lo que significó teléfonos móviles a precios más asequibles. Los daneses se alegraron de adoptar esta nueva tecnología (junto con la World Wide Web, que también se creó a principios de los 90) porque descubrieron que, debido al paisaje

llano del país, había señal en casi todas partes.

¿Sabía que...?

Solo en 2020, la mitad de la energía usada por Dinamarca se obtuvo partir de energía solar y eólica. El país planea aumentar esta cifra y dejar atrás poco a poco todas las demás fuentes de energía no sostenibles

Establezca las correspondencias

1. Holger Møller Hansen - En 1951, inventó la imagen por fibra óptica, la tecnología que transfiere imágenes al ojo a través de fibras ópticas. Se utiliza para endoscopios.

2. Peter L. Jensen - En 1915, inventó el altavoz, mientras experimentaba con sistemas telefónicos inalámbricos.

3. Lars y Jens Rasmussen - Inventaron Google Maps mientras trabajaban en Where 2 Technologies a principios de la década de 2000.

4. Susanne Koefoed - Estudiante danesa que diseñó y utilizó por primera vez el Símbolo Internacional de Acceso (ISA) para señalizar un lugar reservado a personas con discapacidad, en 1968.

5. John Kirkegaard - Diseñó la primera polea con motor utilizada con fines industriales, en la década de 1950.

6. Elise Sørensen - Enfermera que diseñó el primer sistema de ostomía (bolsa de estoma).

7. August Krogh - Fabricó por primera vez insulina, en 1922.

8. Holger Nielsen - Atleta danés que formó las reglas e inventó el balonmano moderno.

9. Mikael Colville-Andersen - Diseñador danés-canadiense que acuñó el término «*copenhagenización*» para describir el singular estilo de vida en bicicleta y la infraestructura urbana de la capital danesa.

10. Janus Friis - Empresario y cofundador de Skype.

¿Sabía que...?

El Pabellón de Dinamarca, utilizado a menudo en eventos destacados, como la Semana del Diseño de Milán, la Semana del Clima de Nueva York o los Juegos Olímpicos, fue diseñado por arquitectos de Copenhague. Sus seiscientas sillas están fabricadas con madera reciclada, redes de pesca e incluso barriles de cerveza en desuso.

Conclusión

Gracias por terminar este libro de preguntas de trivia, ¡felicitaciones por todos los datos curiosos que descubrió! Para recapitular lo que aprendió en este viaje, recuerde que Dinamarca ha recorrido un largo camino desde la época vikinga. De maestros constructores de barcos y navegantes oceánicos que descubrieron partes del mundo antes que nadie, los daneses se convirtieron en colonos. En ese punto, se enamoraron de la tierra, y ese amor perdura.

La época medieval danesa fue igual de agitada, especialmente en lo que se refiere al arte, las costumbres de la corte y las rivalidades entre la realeza. A este periodo le siguió el Renacimiento, que solo puede describirse como la era del progreso. Fue la época en la que los reyes daneses (no por primera vez en la historia) se dieron cuenta de que para ser más grandes, tenían que demostrar que podían serlo. Afortunadamente, lo hicieron financiando el trabajo de artistas, científicos y arquitectos, dejando un legado duradero para que el mundo lo viera y descubriera.

El periodo de gobierno absoluto pretendía poner algo de orden al caos. En lugar de ello, trajo controversia, porque ningún rey podía gobernar solo (para algunos, la tarea era tan difícil, que preferían delegarla a otros).

Debido a su posición, Dinamarca sabía que mantener una posición neutral durante las guerras sería lo mejor. Sin embargo, cuando llegaron las guerras napoleónicas, esto no fue posible. Dinamarca se vio obligada a elegir un bando, y eligió el equivocado. Como consecuencia, comenzó un periodo en el que el tamaño del país se redujo significativamente.

La reducción de tamaño supuso la pérdida de valiosos recursos, de los que la economía danesa dependía en gran medida. Sin ellos, era hora de que Dinamarca se reinventara, y la Revolución Industrial llegó justo a tiempo para ello. La agricultura no podía funcionar como antes, así que la modernizaron. Las fábricas crecieron como setas, y los trabajadores necesitaban más espacio, así que construyeron viviendas y ampliaron las zonas urbanas.

Desgraciadamente, con el tiempo se quedaron sin espacio, financiación y apoyo, así que los trabajadores tuvieron que sobrevivir con lo que tenían. Cuando estalló la Primera Guerra Mundial, la situación se hizo aún más crítica para ellos. Una vez más, Dinamarca juró permanecer neutral, y así lo hizo, en su mayor parte. Sin embargo, como los principales actores de la guerra eran también los mayores mercados de exportación de Dinamarca, seguía habiendo escasez.

El país estaba empezando a recuperarse, cuando llegó la Segunda Guerra Mundial, que fue peor que la primera. Esta vez, la neutralidad estaba fuera de discusión, porque los nazis estaban empeñados en ocupar Dinamarca. Tenían acceso a la región del Báltico (y se lo arrebataron a sus enemigos en sus narices).

Tras cinco largos años de ocupación alemana, Dinamarca fue por fin libre y estaba preparada para reconstruirse. El Estado danés invirtió en la reactivación de la economía y el estado de bienestar. Con una serie de decisiones estratégicas geniales, hicieron del país un líder en la región nórdica, después de estar al borde de la ruina.

La Dinamarca moderna impulsa la capacidad de sus ciudadanos para crear inventos únicos y útiles, y el país lleva haciéndolo desde el principio de su historia. Ahora, el resto del mundo tiene la oportunidad de ponerse al día y ver los tesoros y lecciones, de los que todos pueden aprender. Gracias de nuevo por tomarse el tiempo de leer este libro y aprender estas lecciones.

Mira otro libro de la serie

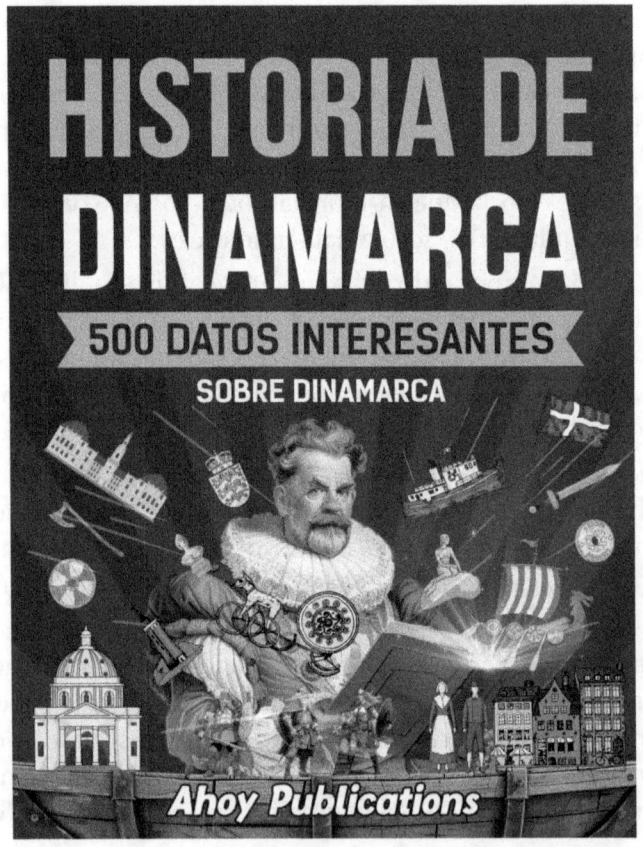

Referencias

538619@au.dk. (n.d.). 4. Cultural transformations and cultural struggles. Danmarkshistorien.dk. https://danmarkshistorien.dk/en/open-online-course/modules/module-9-global-times-after-1973/translate-to-english-4-kulturelle-transformationer-og-kulturkampe

538619@au.dk. (n.d.-a). 1. Denmark in the World War era. Danmarkshistorien.dk. https://danmarkshistorien.dk/en/open-online-course/modules/module-7-the-world-war-era-1914-1945/1-denmark-in-the-world-war-era

538619@au.dk. (n.d.-a). 1. The Danish realm and its population after 1945. Danmarkshistorien.dk. https://danmarkshistorien.dk/en/open-online-course/modules/module-8-the-post-war-era-1945-1973/1-the-danish-realm-and-its-population-after-1945

538619@au.dk. (n.d.-a). 2. The consolidation of the nation-state in the shadow of the world wars. Danmarkshistorien.dk. https://danmarkshistorien.dk/en/open-online-course/modules/module-7-the-world-war-era-1914-1945/2-the-consolidation-of-the-nation-state-in-the-shadow-of-the-world-wars

538619@au.dk. (n.d.-a). 2. The structure of society. Danmarkshistorien.dk. https://danmarkshistorien.dk/en/open-online-course/modules/module-5-absolute-monarchy-1660-1814/2-the-structure-of-society

538619@au.dk. (n.d.-b). 2. Denmark in the Nordic region, Europe, and the Western bloc. Danmarkshistorien.dk. https://danmarkshistorien.dk/en/open-online-course/modules/module-8-the-post-war-era-1945-1973/2-denmark-in-the-nordic-region-europe-and-the-western-bloc

538619@au.dk. (n.d.-b). 3. Absolute rule and the administration. Danmarkshistorien.dk. https://danmarkshistorien.dk/en/open-online-course/modules/module-5-absolute-monarchy-1660-1814/3-absolute-rule-and-the-administration

538619@au.dk. (n.d.-b). 3. Ruptures within foreign and domestic politics. Danmarkshistorien.dk. https://danmarkshistorien.dk/en/open-online-course/modules/module-7-the-world-war-era-1914-1945/3-ruptures-within-foreign-and-domestic-politics

538619@au.dk. (n.d.-b). 6. The occupation, 1940–1945. Danmarkshistorien.dk. https://danmarkshistorien.dk/en/open-online-course/modules/module-7-the-world-war-era-1914-1945/6-the-occupation-1940-1945

538619@au.dk. (n.d.-c). 3. Economic growth and the welfare state. Danmarkshistorien.dk. https://danmarkshistorien.dk/en/open-online-course/modules/module-8-the-post-war-era-1945-1973/3-economic-growth-and-the-welfare-state

538619@au.dk. (n.d.-c). 4. Economic crisis and public regulation. Danmarkshistorien.dk. https://danmarkshistorien.dk/en/open-online-course/modules/module-7-the-world-war-era-1914-1945/4-economic-crisis-and-public-regulation

538619@au.dk. (n.d.-c). 4. Foreign policy. Danmarkshistorien.dk. https://danmarkshistorien.dk/en/open-online-course/modules/module-5-absolute-monarchy-1660-1814/4-foreign-policy

538619@au.dk. (n.d.-d). 4. Political culture – tradition and change. Danmarkshistorien.dk. https://danmarkshistorien.dk/en/open-online-course/modules/module-8-the-post-war-era-1945-1973/4-political-culture-tradition-and-change

538619@au.dk. (n.d.-d). 5. Economic development, colonies and agrarian reforms. Danmarkshistorien.dk. https://danmarkshistorien.dk/en/open-online-course/modules/module-5-absolute-monarchy-1660-1814/5-economic-development-colonies-and-agrarian-reforms

538619@au.dk. (n.d.-d). 6. The occupation, 1940–1945. Danmarkshistorien.dk. https://danmarkshistorien.dk/en/open-online-course/modules/module-7-the-world-war-era-1914-1945/6-the-occupation-1940-1945

538619@au.dk. (n.d.-e). 5. Cultural and social shifts. Danmarkshistorien.dk. https://danmarkshistorien.dk/en/open-online-course/modules/module-8-the-post-war-era-1945-1973/5-cultural-and-social-shifts

538619@au.dk. (n.d.-e). 6. Religion and the Enlightenment. Danmarkshistorien.dk. https://danmarkshistorien.dk/en/open-online-course/modules/module-5-absolute-monarchy-1660-1814/6-religion-and-the-enlightenment

Aarhus University. (n.d.). 4. Modernisation, internationalisation and urbanisation. Danmarkshistorien.dk. https://danmarkshistorien.dk/en/open-online-course/modules/module-6-from-absolutist-composite-state-to-nation-state-1814-1914/4-modernisation-internationalisation-and-urbanisation

Christensen, L. (2010). DENMARK: THE TEXTILE INDUSTRY AND THE FORMATION OF MODERN INDUSTRIAL RELATIONS TEXTILE PRODUCTION FROM PRE-INDUSTRY TO THE PRESENT. https://natmus.dk/fileadmin/user_upload/Editor/natmus/danmarksnyeretid/Dokumenter/Industrikultur/Denmark_textile_history.pdf

Danish Patent and Trademark Office. (2021, April 21). Five Danish inventions with global impact. Www.dkpto.org. https://www.dkpto.org/news/2021/apr/five-danish-inventions-with-global-impact

Danish Royal Palace. (n.d.). Christian IV - Explore History - Kongelige Slotte. Kongeligeslotte.dk. https://kongeligeslotte.dk/en/explore-history/christian-IV.html

Dis Abroad. (2014, September 16). Top 10 Innovations Denmark is Proud of. DISCOVER STUDY ABROAD. https://discoverstudyabroad.org/top-10-innovations-denmark-is-proud-of/

European Route of Industrial Heritage. (n.d.). Denmark - ERIH. Www.erih.net. https://www.erih.net/how-it-started/industrial-history-of-european-countries/denmark

Feldbæk, O. (2001). Denmark in the Napoleonic Wars: A Foreign Policy Survey. Scandinavian Journal of History, 26(2), 89–101. https://doi.org/10.1080/034687501750211127

Frommers. (n.d.). Art & Architecture in Denmark | Frommer's. Www.frommers.com. https://www.frommers.com/destinations/denmark/in-depth/art--architecture

Henriksen, I. (2019). An Economic History of Denmark. Eh.net. https://eh.net/encyclopedia/an-economic-history-of-denmark/

Histories, M. (2012, March 7). Courtly Culture. Medieval Histories. https://www.medieval.eu/104/

History of Denmark. (2011). History of Denmark. Denmark.dk. https://denmark.dk/people-and-culture/history

Kristensen, N. B. (1989). Industrial growth in Denmark, 1872–1913 – in relation to the debate on an industrial break-through. Scandinavian Economic History Review, 37(1), 3–22. https://doi.org/10.1080/03585522.1989.10408129

Lindow, J. (2021). The Testimony of the Hoofprints. Ethnologia Europaea, 51(1). https://doi.org/10.16995/ee.1899

MacDonald, F. (2018). The Danish Network That Defied Hitler. Bbc.com. https://www.bbc.com/culture/article/20181001-the-danish-network-that-defied-hitler

March 2020, O. J.-L. S. C. 11. (2020, March 11). Lindisfarne: The "Holy Island" where Vikings spilled the "blood of saints." Livescience.com. https://www.livescience.com/lindisfarne.html

Middelaldercentret. (n.d.). Knights tournament | Middelaldercentret. Www.middelaldercentret.dk. https://www.middelaldercentret.dk/ridderturnering?lang=en

Ministry of Foreign Affairs of Denmark. (2019). Innovation and design in Denmark | Denmark's official website. Denmark.dk. https://denmark.dk/innovation-and-design

Ministry of Foreign Affairs of Denmark. (n.d.-a). Denmark is often cited as one of the world's best countries to live in. Denmark.dk. https://denmark.dk/people-and-culture

Ministry of Foreign Affairs of Denmark. (n.d.-b). Innovative solutions. Denmark.dk. https://denmark.dk/innovation-and-design/innovation

MrCaseyHistory. (n.d.). The Vikings: Raiders or Traders? https://mrcaseyhistory.com/wp-content/uploads/2019/02/vikings-raiders-or-traders.pdf

National Army Museum. (n.d.). Copenhagen Expedition | National Army Museum. Www.nam.ac.uk. https://www.nam.ac.uk/explore/copenhagen-expedition-1807

National Museum of Denmark. (2019). Renaissance (1536-1660). National Museum of Denmark. https://en.natmus.dk/historical-knowledge/denmark/renaissance-1536-1660/

National Museum of Denmark. (n.d.). Middle Ages (1000-1536). National Museum of Denmark. https://en.natmus.dk/historical-knowledge/denmark/middle-ages-1000-1536/

National Museum of Denmark. (n.d.). Modern Danish History. National Museum of Denmark. https://en.natmus.dk/organisation/management-secretariat-and-research-administration/modern-history-and-world-cultures/modern-danish-history/

Nobel Hviid, M. (2020, December 2). Christian IV and the use of history. Nordics.info. https://nordics.info/show/artikel/christian-iv-and-the-use-of-history

Nola Taylor Redd. (2017, September 13). Tycho Brahe Biography. Space.com; Space. https://www.space.com/19623-tycho-brahe-biography.html

Rasmussen, E. (1956). The history of industry in Denmark. Scandinavian Economic History Review, 4(1), 94–103. https://doi.org/10.1080/03585522.1956.10411485

Rosenborg Castle. (n.d.). Frederik II   1559-1588 - The Royal Danish Collection. Www.kongernes samling.dk. https://www.kongernessamling.dk/en/rosenborg/person/frederik-ii/

Rosenborg Castle. (n.d.). The History of Denmark 1800-1825 - The Royal Danish Collection. Www.kongernessamling.dk. https://www.kongernessamling.dk/en/rosenborg/1800-1825-2/

Rosenborg Castle. (n.d.-a). Christian V   1670-1699 - The Royal Danish Collection. Www.kongernessamling.dk. https://www.kongernessamling.dk/en/rosenborg/person/christian-v/

Rosenborg Castle. (n.d.-b). Johann Friedrich Struensee | The Royal Danish Collection. Www.kongernessamling.dk. https://www.kongernessamling.dk/en/rosenborg/person/johann-friedrich-struensee/

The Danish Research Centre for Manorial Studies. (n.d.). The History of the Danish Manors. Www.danskeherregaarde.dk. https://www.danskeherregaarde.dk/en/history/the-history-of-the-danish-manors

The National Museum of Modern Danish History. (n.d.). Modern Danish History. National Museum of Denmark. https://en.natmus.dk/organisation/management-secretariat-and-research-administration/modern-history-and-world-cultures/modern-danish-history/

The Nobel Prize. (n.d.). Physics in Denmark: the first four hundred years. NobelPrize.org. https://www.nobelprize.org/prizes/themes/physics-in-denmark-the-first-four-hundred-years/

The Royal Danish Collection. (n.d.). The history of Koldinghus | The Royal Danish Collection. Www.kongernessamling.dk. https://www.kongernessamling.dk/en/koldinghus/the-history-of-koldinghus/

Vaia Editorial Team. (n.d.-a). Viking Shipbuilding: Techniques & History. Vaia. https://www.vaia.com/en-us/explanations/history/viking-history/viking-shipbuilding/

Vaia Editorial Team. (n.d.-b). Viking Social Structure: Hierarchy, Roles. Vaia. https://www.vaia.com/en-us/explanations/history/viking-history/viking-social-structure/

VisitCopenhagen. (n.d.). Kronborg Castle | Hamlet's Castle, Elsinore. VisitCopenhagen. https://www.visitcopenhagen.com/copenhagen/planning/kronborg-castle-unesco-world-heritage-gdk1077722

Referencias de imágenes

[1] G.Lanting, CC BY-SA 4.0 <https://creativecommons.org/licenses/by-sa/4.0>, vía Wikimedia Commons https://commons.wikimedia.org/wiki/File:Oseberg_ship_221.jpg

[2] http://creativecommons.org/licenses/by-sa/3.0/" title="Creative Commons Reconocimiento-Compartir bajo la misma licencia 3.0">CC BY-SA 3.0:https://commons.wikimedia.org/w/index.php?curid=17219

[3] Toxophilus, CC BY-SA 4.0 <https://creativecommons.org/licenses/by-sa/4.0>, vía Wikimedia Commons https://commons.wikimedia.org/wiki/File:Rekonstruktion_af_Ladbyskibet.JPG

[4] André Carrotflower, CC BY-SA 2.0 <https://creativecommons.org/licenses/by-sa/2.0>, vía Wikimedia Commons https://commons.wikimedia.org/wiki/File:TV-009-0521_(15590080440).jpg

[5] Brianann MacAmhlaidh, CC BY-SA 4.0 <https://creativecommons.org/licenses/by-sa/4.0>, vía Wikimedia Commons https://commons.wikimedia.org/wiki/File:Viking_Age_trade_routes_in_north-west_Europe.png

[6] Joe Mabel, CC BY-SA 4.0 <https://creativecommons.org/licenses/by-sa/4.0>, vía Wikimedia Commons https://commons.wikimedia.org/wiki/File:Nordic_Museum_-_contents_of_a_Viking_grave_and_other_warfare-related_items_02.jpg

[7] Joe Mabel, CC BY-SA 4.0 <https://creativecommons.org/licenses/by-sa/4.0>, vía Wikimedia Commons https://commons.wikimedia.org/wiki/File:Nordic_Museum_-_objects_of_adornment,_etc.,_case_1_-_01.jpg

[8] JC Merriman, CC BY 2.0 <https://creativecommons.org/licenses/by/2.0>, vía Wikimedia Commons https://commons.wikimedia.org/wiki/File:Vikings_Glass_beakers_-_25807177032_Swedish_History_Museum_(Historiska_museet)_MuseumsPartner_exhibition_%22Vikings_Beyond_the_legend%22_Australian_National_Maritime_Museum_Sydney_2013.jpg

[9] Gilwellian, CC BY-SA 4.0 <https://creativecommons.org/licenses/by-sa/4.0>, vía Wikimedia Commons https://commons.wikimedia.org/wiki/File:Valkyrie_fra_H%C3%A5rby.png

[10] https://commons.wikimedia.org/wiki/File:Germaanse_volksvergadering_(recortado).jpg

[11] Autor del libro y creador del dibujo de la bráctea: P. Hauberg (Peter Christian Hauberg) [1844-1928], CC BY-SA 4.0 <https://creativecommons.org/licenses/by-sa/4.0>, vía Wikimedia Commons https://commons.wikimedia.org/wiki/File:Bracteate,_1157,_comemorating_wedding_of_king_Valdemar_(the_Great)_%26_queen_Sophia_(of_Minsk)_of_Denmark.jpg

[12] Museo North Lincolnshire, CC BY 2.0 <https://creativecommons.org/licenses/by/2.0>, vía Wikimedia Commons https://commons.wikimedia.org/wiki/File:Medieval_Badge_(FindID_843534).jpg

[13] Maltesen, CC BY 2.0 <https://creativecommons.org/licenses/by/2.0>, vía Wikimedia Commons https://commons.wikimedia.org/wiki/File:Copenhagen_Medieval_Market_(2482005861).jpg

[14] Hedning, CC BY-SA 3.0 <https://creativecommons.org/licenses/by-sa/3.0>, vía Wikimedia Commons https://commons.wikimedia.org/wiki/File:Coin_minted_for_king_Valdemar_II_of_Denmark,_Valdemar_II_Sejr.jpg

[15] Christian Bickel, CC BY-SA 2.0 DE <https://creativecommons.org/licenses/by-sa/2.0/de/deed.en>, vía Wikimedia Commons https://commons.wikimedia.org/wiki/File:Kbh_Mus_Bronzespange.jpg

[16] Yair Haklai, CC BY-SA 3.0 <https://creativecommons.org/licenses/by-sa/3.0>, vía Wikimedia Commons https://commons.wikimedia.org/wiki/File:Hamlet-Kronborg_Castle-4.jpg

[17] Thomas Quine, CC BY 2.0 <https://creativecommons.org/licenses/by/2.0>, vía Wikimedia Commons https://commons.wikimedia.org/wiki/File:Dinner_scene_carved_into_a_medieval_box_(Frederiksborg_Museum).jpg

[18] Helen Simonsson, CC BY-SA 4.0 <https://creativecommons.org/licenses/by/4.0>, vía Wikimedia Commons https://commons.wikimedia.org/wiki/File:Hammershus_ruin_Bornholm_Denmark_1.jpg

[19] Thomas Quine, CC BY 2.0 <https://creativecommons.org/licenses/by/2.0>, vía Wikimedia Commons https://commons.wikimedia.org/wiki/File:Medieval_clock_mechanism.jpg

[20]
https://commons.wikimedia.org/wiki/File:Richeza_of_Sweden_(1210)_effigy_(dibujo_c_1860).jpg

[21] Fred Cherrygarden, CC BY-SA 4.0 <https://creativecommons.org/licenses/by-sa/4.0>, vía Wikimedia Commons https://commons.wikimedia.org/wiki/File:The_Heart_Book.jpg

[22] Claus-Joachim Dickow, CC BY-SA 2.5 <https://creativecommons.org/licenses/by-sa/2.5>, vía Wikimedia Commons https://commons.wikimedia.org/wiki/File:B%C3%BCste_Tycho_Brahe_in_Hamburg-Wandsbek.jpg

---

[23] https://commons.wikimedia.org/wiki/File:1581_Frederik_2._(recortado).jpg

[24] https://commons.wikimedia.org/wiki/File:Eberhart_Keilhau_-_The_Grape-Picker.jpg

[25] https://commons.wikimedia.org/wiki/File:Christian_IV_by_Vilhelm_Marstrand.png

[26] Alf van Beem, CC0, vía Wikimedia Commons
https://commons.wikimedia.org/wiki/File:Old_Stock_Exchange_Copenhagen,_pic-001.JPG

[27] https://commons.wikimedia.org/wiki/File:Gabriel_Engels,_Arkitekturmotiv,_,_KMSst589,_Statens_Museum_for_Kunst.jpg

[28] https://commons.wikimedia.org/wiki/File:Melchior_Lorck,_En_s%C3%B8jles_skulptursmykkede_fodstykke,_1561,_KKSgb5473,_Statens_Museum_for_Kunst.jpg

[29] https://commons.wikimedia.org/wiki/File:Arild_Huitfeldt_-_Christian_den_Andens_Historie_-_Titelblad_-_1596.png

[30] https://commons.wikimedia.org/wiki/File:Kaas_Niels.jpg

[31] https://commons.wikimedia.org/wiki/File:K%C3%B8benhavns_byv%C3%A5ben_1894.png

[32] Orf3us, CC BY 3.0 <https://creativecommons.org/licenses/by/3.0>, vía Wikimedia Commons
https://commons.wikimedia.org/wiki/File:Christian_Vs_monogram_(Bl%C3%A5_Karamel).jpg

[33] Nationalmuseet, CC BY-SA 4.0 <https://creativecommons.org/licenses/by-sa/4.0>, vía Wikimedia Commons
https://commons.wikimedia.org/wiki/File:Medalje_over_Christian_VI,_Orlogsfl%C3%A5den_1736.jpg

[34] https://commons.wikimedia.org/wiki/File:Christian_VII_-_Portraits_of_Struensee_and_Brandt.jpg

[35] https://commons.wikimedia.org/wiki/File:H%C3%B8jesteret_under_Frederik_V_by_Jonas_Haas_1754.jpg

[36] https://commons.wikimedia.org/wiki/File:Gerhard_Ludvig_Lahde,_Arveprins_Frederik_med_arveprinsen_Chr_VIII_,_1795,_KKSgb6510,_Statens_Museum_for_Kunst.jpg

[37] https://commons.wikimedia.org/wiki/File:J%C3%A6gerspris_Castle_1746.jpg

[38] Dennis Jarvis de Halifax, Canadá, CC BY-SA 2.0 <https://creativecommons.org/licenses/by-sa/2.0>, vía Wikimedia Commons
https://commons.wikimedia.org/wiki/File:Denmark_0367_(4005211942).jpg

[39] https://commons.wikimedia.org/wiki/File:Nicolai_Abildgaard_-_Absolute_Monarchy_Assigned_to_Frederik_III_in_1660_-_KMS1139e_-_Statens_Museum_for_Kunst.jpg

[40] https://commons.wikimedia.org/wiki/File:Gyldenl%C3%B8ve_(barco,_1669).jpg

[41]

https://commons.wikimedia.org/wiki/File:The_Battle_of_Copenhagen,_2_April_1801_RMG_BHC0526.tiff

[42] Sodacan, CC BY-SA 3.0 <https://creativecommons.org/licenses/by-sa/3.0>, vía Wikimedia Commons https://commons.wikimedia.org/wiki/File:Royal_Arms_of_Norway_%26_Denmark_(1699-1819).svg

[43] https://commons.wikimedia.org/wiki/File:Map_of_the_batteries_atop_the_R%C3%B8sn%C3%A6s_peninsula_(Reefness)_en_1808.jpg

[44] Europa_1789.svg: *Blank_map_of_Europe.svg: maix¿?obra derivada: Alphathonderivative work: Alphathon, CC BY-SA 3.0 <https://creativecommons.org/licenses/by-sa/3.0>, vía Wikimedia Commons https://commons.wikimedia.org/wiki/File:Duchy_of_Holstein_1789.svg

[45] https://commons.wikimedia.org/wiki/File:Niels_Rosenkrantz_1757-1824.jpg

[46] https://commons.wikimedia.org/wiki/File:Thomsen_-_Fregatten_Diana_-_1809.png

[47] https://www.flickr.com/photos/fdctsevilla/4190063942

[48] https://commons.wikimedia.org/wiki/File:PPN663960002_Bennigsen_(1805).jpg

[49] https://commons.wikimedia.org/wiki/File:Tilsitz_1807.JPG

[50] https://commons.wikimedia.org/wiki/File:Battle_of_Mobekk.jpg

[51] Leif Jørgensen, CC BY-SA 4.0 <https://creativecommons.org/licenses/by-sa/4.0>, vía Wikimedia Commons https://commons.wikimedia.org/wiki/File:Den_gamle_By_-_Tekstilfabrik.jpg

[52] https://commons.wikimedia.org/wiki/File:Michael_Ancher_-_Ung_Pige_-_1904.png

[53] https://commons.wikimedia.org/wiki/File:Julius_Exner_-_Fan%C3%B8pige_p%C3%A5_havearbejde_-_1898.png

[54] https://commons.wikimedia.org/wiki/File:Plan_for_the_Expansion_of_Copenhagen_1857_by_Conrad_Seidelin.jpg

[55] Internet Archive Book Images, Sin restricciones, vía Wikimedia Commons https://commons.wikimedia.org/wiki/File:The_Street_railway_journal_(1899)_(14572958440).jpg

[56] Haggard, H. Rider (Henry Rider), 1856-1925, Sin restricciones, vía Wikimedia Commons https://commons.wikimedia.org/wiki/File:Rural_Denmark_and_its_lessons_(1911)_(14781289891).jpg

[57] https://commons.wikimedia.org/wiki/File:Aarhuus_Privatbank_postcard.jpg

[58] https://commons.wikimedia.org/wiki/File:Hans_Jacob_M%C3%B8ller_by_G.P._Jacobsen_01.jpg

[59] https://commons.wikimedia.org/wiki/File:Interior_with_two_girls.jpg

[60] https://commons.wikimedia.org/wiki/File:Jens_Christian_Christensen_by_Peter_Elfelt.jpg

[61] https://commons.wikimedia.org/wiki/File:Gullaschbaron_tegnet_af_Storm_P._(DH014655).jpg

[62] Leif Jørgensen, CC BY-SA 4.0 <https://creativecommons.org/licenses/by-sa/4.0>, vía Wikimedia Commons https://commons.wikimedia.org/wiki/File:Daghjemmet_%C3%98resund.jpg

[63] https://commons.wikimedia.org/wiki/File:Venstres_ledere.jpg

[64] De las colecciones del Museo Danés de la Guerra (danés: Tøjhusmuseet); Museo Nacional de Dinamarca (Nationalmuseet, Danmark); CC-BY-SA, CC BY-SA 4.0 <https://creativecommons.org/licenses/by-sa/4.0>, vía Wikimedia Commons https://commons.wikimedia.org/wiki/File:WWII_Nazi_Germany_Waffen-SS_foreign_volunteers_Uniform_cuff_title_%C3%84rmelstreifen_%C3%A6rmeb%C3%A5nd_Frikorps_Danmark_Freikorps_Free_Corps_1941-1943_THM-27089_T%C3%B8jhusmuseet_National_Museum_of_Denmark_CC-BY-SA.jpg

[65] https://commons.wikimedia.org/wiki/File:MolotovRibbentropStalin.jpg

[66] Jutland_Peninsula_map.PNG: Rock Obra derivada: Kolomaznik, CC BY-SA 2.5 <https://creativecommons.org/licenses/by-sa/2.5>, vía Wikimedia Commons https://commons.wikimedia.org/wiki/File:Schleswig-Holstein_map.PNG

[67] Jørgen, CC BY-SA 3.0 <https://creativecommons.org/licenses/by-sa/3.0>, vía Wikimedia Commons https://commons.wikimedia.org/wiki/File:Justitsraadshule.JPG

[68] https://commons.wikimedia.org/wiki/File:FuriousSP_89.jpg

[69] Alta Falisa, CC BY-SA 4.0 <https://creativecommons.org/licenses/by-sa/4.0>, vía Wikimedia Commons. https://commons.wikimedia.org/wiki/File:18_June_1815_%E2%80%93_Victory_at_Waterloo_%E2%80%93_Braine-l%27Alleud.jpg

[70] I, Mali, CC BY-SA 3.0 <http://creativecommons.org/licenses/by-sa/3.0/>, vía Wikimedia Commons https://commons.wikimedia.org/wiki/File:Dansk_Vestindia.png

[71] https://commons.wikimedia.org/wiki/File:DanishResistanceAC2795.jpg

[72] https://commons.wikimedia.org/wiki/File:Erik_Scavenius_1_(recortado).jpg

[73] https://commons.wikimedia.org/wiki/File:Members_of_the_resistance_movement_in_fight_with_German_soldiers_Flakhaven_in_Odense_5th_of_May_1945.jpg

[74] Julius Jääskeläinen, CC BY 2.0 <https://creativecommons.org/licenses/by/2.0>, vía Wikimedia Commons https://commons.wikimedia.org/wiki/File:Armed_BOPA_members_with_their_Ford_Deluxe,_Copenhagen,_May_1945._(49513341566).jpg

[75] Club Churchill, CC BY-SA 4.0 <https://creativecommons.org/licenses/by-sa/4.0>, vía Wikimedia Commons https://commons.wikimedia.org/wiki/File:ChurchillClub.jpg

[76] https://commons.wikimedia.org/wiki/File:Frits_Clausen.jpg

[77] Danmarks Kommunistiske Parti, CC0, vía Wikimedia Commons https://commons.wikimedia.org/wiki/File:DKP_logo.svg

[78] Danés Frihedsmuseet, Nationalmuseet Danmark: CC-BY-SAEspañol: Museo de la Resistencia Danesa durante la Segunda Guerra Mundial; Museo Nacional de Dinamarca, Copenhague, CC BY-SA 4.0 <https://creativecommons.org/licenses/by-sa/4.0>, vía Wikimedia Commons https://commons.wikimedia.org/wiki/File:WWII_Danish_Hipo-Korpset_Hilfspolizei_HIPO_Corps_Efterretningstjeneste_ET_Nazi_occupation_collaboration_police_1944-1945_Uniform_collar_tab_FHM-317328_Nationalmuseet_Denmark_CC-BY-SA.jpg

[79] https://commons.wikimedia.org/wiki/File:Danish_Brigade_in_Helsing%C3%B8r,_May_1945.png

[80] https://commons.wikimedia.org/wiki/File:Denmark_After_Liberation,_1945_CL3181.jpg

[81] Fuente:seier+seier, CC BY 2.0 <https://creativecommons.org/licenses/by/2.0>, vía Wikimedia Commons https://commons.wikimedia.org/wiki/File:Kay_fisker,_m%C3%B8dr ehj%C3%A6lpen,_copenhagen_1953-1955_(4037012544).jpg

[82] I Carried A Watermelon Dk, CC BY-SA 4.0 <https://creativecommons.org/licenses/by-sa/4.0>, vía Wikimedia Commons https://commons.wikimedia.org/wiki/File:Bodil_Begtrup.jpg

[83] Nameyxe, CC BY-SA 3.0 <https://creativecommons.org/licenses/by-sa/3.0>, vía Wikimedia Commons https://commons.wikimedia.org/wiki/File:Nordic_Council.png

[84] Goldsztajn, CC BY-SA 3.0 <https://creativecommons.org/licenses/by-sa/3.0>, vía Wikimedia Commons https://commons.wikimedia.org/wiki/File:Cold-war-47-55-s.svg

[85] Fenn-O-maniC, CC BY-SA 3.0 <https://creativecommons.org/licenses/by-sa/3.0>, vía Wikimedia Commons https://commons.wikimedia.org/wiki/File:Warsaw_Pact_Logo.svg

[86] Gobierno de Chile, CC BY 3.0 CL <https://creativecommons.org/licenses/by/3.0/cl/deed.en>, vía Wikimedia Commons https://commons.wikimedia.org/wiki/File:Per_H%C3%A6kkerup.jpg

[87] Рома, CC0, via Wikimedia Commons https://commons.wikimedia.org/wiki/File:%D0%A0%D0%B8%D0%BC%D1%81%D1%8C%D0%BA%D0%B8%D0%B9_%D0%B4%D0%BE%D0%B3%D0%BE%D0%B2%D1%96%D1%80.jpg

[88] https://commons.wikimedia.org/wiki/File:Marshall_Plan_poster_(recortado).JPG

[89] Willem van de Poll, CC0, vía Wikimedia Commons https://commons.wikimedia.org/wiki/File:Kinderverzorgster_staat_bij_een_vrouw_met_een_peuter_op_schoot,_Bestanddeelnr_252-9114.jpg

[90] https://commons.wikimedia.org/wiki/File:Lygten_Station_(principios_de_1960).jpg

[91] Hartmut Schmidt, Heidelberg, CC BY-SA 4.0 <https://creativecommons.org/licenses/by-sa/4.0>, vía Wikimedia Commons https://commons.wikimedia.org/wiki/File:Offshore_wind_farm_with_sand_bank_%22Horns_Rev%22,_Denmark.jpg

[92] Atribución 2.0 Genérica CC BY 2.0 < https://creativecommons.org/licenses/by/2.0/> https://www.flickr.com/photos/newsoresund/49141383237

[93] Jens Cederskjold, CC BY 3.0 <https://creativecommons.org/licenses/by/3.0>, vía Wikimedia Commons https://commons.wikimedia.org/wiki/File:Udsigt_fra_Vesborg_Fyr_-_View_from_Vesborg_lighthouse_-_Sams%C3%B8_-_panoramio.jpg

[94] I, Sailko, CC BY-SA 3.0 <http://creativecommons.org/licenses/by-sa/3.0/>, vía Wikimedia Commons https://commons.wikimedia.org/wiki/File:Ngv_design,_arne_jacobsen,_swan_chair,_1958.JPG

[95] Mfield, Matthew Field, http://www.photography.mattfield.com , CC BY-SA 3.0 <https://creativecommons.org/licenses/by-sa/3.0>, vía Wikimedia Commons https://commons.wikimedia.org/wiki/File:Sydney_opera_house_side_view.jpg

[96] Kim Bach, CC BY-SA 4.0 <https://creativecommons.org/licenses/by-sa/4.0>, vía Wikimedia Commons https://commons.wikimedia.org/wiki/File:Jens_Nielsen_(architect)_-_sign_in_danish_IC3_Train.jpg

[97] Kåre Thor Olsen, CC BY-SA 4.0 <https://creativecommons.org/licenses/by-sa/4.0>, vía Wikimedia Commons https://commons.wikimedia.org/wiki/File:Odense-Byens_Bro-towards_north.jpg

[98] Leif Jørgensen, CC BY-SA 4.0 <https://creativecommons.org/licenses/by-sa/4.0>, vía Wikimedia Commons https://commons.wikimedia.org/wiki/File:Playground_tram_at_Filers_Fg_04.jpg

[99] Jens Cederskjoldde København S, Danmark, CC BY-SA 2.0 <https://creativecommons.org/licenses/by-sa/2.0>, vía Wikimedia Commons https://commons.wikimedia.org/wiki/File:Snowdrops_-_spring_is_on_its_way_-_Henry_Heerup_(1907-1993)_-_Granite_sculpture_-_Louisiana_Museum_of_Modern_Art_-_Zealand_-_Denmark_-_Flickr_-_Cederskjold_Photo.jpg

[100] Alex Spade, CC BY-SA 3.0 <https://creativecommons.org/licenses/by-sa/3.0>, vía Wikimedia Commons https://commons.wikimedia.org/wiki/File:Knud_Illeris_(A).jpg